TRANSFERÊNCIA E CONTRATRANSFERÊNCIA

Blucher

TRANSFERÊNCIA E CONTRATRANSFERÊNCIA

Marion Minerbo

2ª edição

Revisão técnica
Isabel Botter
Luciana Botter

Transferência e contratransferência
© 2020 Marion Minerbo
Editora Edgard Blücher Ltda.

1ª edição – Casa do Psicólogo, 2012
2ª edição – Blucher, 2020
1ª reimpressão – 2021

Imagem da capa: gravura de Marion Minerbo e foto de Michele
Minerbo

SÉRIE PSICANÁLISE CONTEMPORÂNEA
Coordenador da série Flávio Ferraz
Publisher Edgard Blücher
Editor Eduardo Blücher
Coordenação editorial Bonie Santos
Produção editorial Isabel Silva e Luana Negraes
Preparação de texto Emmeline Cornetto
Diagramação Negrito Produção Editorial
Revisão de texto Alessandra Borges
Capa Leandro Cunha

Blucher

Rua Pedroso Alvarenga, 1245, 4º andar
04531-934 – São Paulo – SP – Brasil
Tel.: 55 11 3078-5366
contato@blucher.com.br
www.blucher.com.br

Segundo o Novo Acordo Ortográfico, conforme
5. ed. do *Vocabulário Ortográfico da Língua
Portuguesa*, Academia Brasileira de Letras,
março de 2009.

É proibida a reprodução total ou parcial por
quaisquer meios sem autorização escrita da
editora.

Todos os direitos reservados pela Editora Edgard
Blücher Ltda.

Dados Internacionais de Catalogação
na Publicação (CIP)
Angélica Ilacqua CRB-8/7057

Minerbo, Marion

Transferência e contratransferência / Marion
Minerbo. – Série Psicanálise Contemporânea /
coordenação Flávio Ferraz. – 2. ed. – São Paulo :
Blucher, 2020.
296 p.

Bibliografia

ISBN 978-85-212-1927-9 (impresso)
ISBN 978-85-212-1928-6 (e-book)

1. Psicanálise I. Título. II. Ferraz, Flávio. III.
Série.

20-0272   CDD 150

Índice para catálogo sistemático:
1. Psicanálise

Agradecimentos

Aos colegas analistas em formação na Sociedade Brasileira de Psicanálise de São Paulo (SBPSP) que, em 2010, me convidaram para ministrar um seminário sobre transferência e contratransferência. Sem esse desafio, este livro não existiria.

Aos colegas analistas em formação na SBPSP que gentilmente autorizaram a publicação do material clínico apresentado em seminário clínico ou supervisão.

Aos colegas dos meus grupos de estudos pela interlocução e estímulo que possibilitaram o aprimoramento das minhas ideias sobre o tema.

A Ana Loffredo pelo prefácio.

A Luciana Botter e Isabel Botter pela amizade, parceria e revisão técnica.

À Blucher e a Flávio Ferraz pela aposta generosa na reedição deste livro.

Conteúdo

Prefácio   9

Introdução   25

**Parte I – Breve história comentada dos conceitos
de transferência e contratransferência**   31

1895   33

1900   37

1905   39

1909   47

1909-1910   57

1914   63

1920   75

1921   81

1924   89

8 CONTEÚDO

1934	93
1952	105
1948-1953	115
1955	141
2002-2007	153

Parte II – Seis situações clínicas comentadas	**169**
Pequenas notas necessárias	171
A tontura de Jasmin	187
"Ufa, agora vai!" (Joel)	199
Jade falava, falava, falava	211
O amor impiedoso de Jairo	219
Não tentar salvar Juliana	233
Joana, que parece, mas não é	253

Parte III – Transferências cruzadas e complementares no cotidiano: corrupção, poder e loucura	**263**
Introdução	265
Pacto civilizatório e condição humana	269
Fora da condição humana: o limbo	273
Transferência e loucura	275

Referências	283

Prefácio

Ana Maria Loffredo

I

Este livro de Marion Minerbo é, ao mesmo tempo, consistente e leve. Seu estilo ensaístico expressa o movimento em várias dimensões entre a imaginação metapsicológica e a operação do método psicanalítico, que, em seu conjunto, habitam o coração do exercício da clínica psicanalítica.

O leitor é conduzido, com muita delicadeza e atenção, pelos caminhos propostos pelo trabalho de tal forma que, mobilizado por uma leitura fluente, agradável e, em algum grau, "intimista", quando dá por si, já atravessou com muito gosto repertórios conceituais diversos e meandros de questões muito complexas, sentindo-se estimulado pelos vários roteiros de pesquisa que vão sendo generosamente oferecidos no decorrer do percurso e que poderão ser retomados, caso seja de seu interesse.

Talvez possa então se surpreender com o alcance de sua própria apreensão de conteúdos, cuja costura vai sendo oferecida gradual

10 PREFÁCIO

e pacientemente por uma companhia firme e fiel a suas intenções de tal forma que a complexidade das questões tratadas vai sendo esboçada por meio de uma espécie de traçado em espiral, que permite retomá-las em planos e tempos diversos à medida que a reflexão avança, apurando a orquestração dos instrumentos teóricos.

Já se vê uma circulação sensível entre os papéis de psicanalista, professora e supervisora que se entrelaçam de modo criativo na perspectiva da escritora. Assim, observa-se claramente a vinculação da estrutura do texto às suas fontes de origem na organização dos tópicos e na forma de apresentação dos itens escolhidos, desde que o livro se reporta a um curso oferecido na Sociedade Brasileira de Psicanálise de São Paulo (SBPSP) e à coordenação de outros grupos psicanalíticos por parte da autora.

O processo de escrita de Marion expressa os movimentos subjacentes à escuta psicanalítica em sua vinculação à configuração de um diagnóstico transferencial, tanto no registro da situação analítica como no da dinâmica de seminário clínico e de supervisão, testemunhando, assim, a articulação estreita entre estilo e modo de produção de conhecimento – peculiaridade epistemológica da psicanálise enunciada por Freud desde os primórdios da constituição do campo psicanalítico.

O texto nos convida a acompanhar, passo a passo, os desdobramentos de um recorte possível para a tematização da questão da transferência-contratransferência, contornando-se como um trabalho verdadeiramente primoroso no campo da transmissão de conhecimento em psicanálise.

É nessa linha que seu objetivo não foi "fazer uma revisão bibliográfica exaustiva sobre transferência e contratransferência – tarefa impossível – mas colaborar para que analistas em formação pudessem desenvolver, dentro de um recorte do tema, uma visão crítica que os remetessem diretamente à sua clínica" (p. 25).

II

O contexto teórico de referência do trabalho é delineado na Parte I, "Breve história comentada dos conceitos de transferência e contratransferência", em que a apresentação dos textos clássicos de autores mais presentes na SBPSP dialoga com leituras críticas de autores contemporâneos e da própria autora, articuladas à utilização de material clínico, que veicula um fértil convívio de ideias no decorrer de todo o texto.

Como base de sustentação do que está por vir, esse capítulo é o mais extenso e sua opção de apresentação pela sequência cronológica – de 1895 a 2002-2007 – de períodos significativos da história da evolução do conceito não deve nos enganar: é apenas uma estratégia metodológica que dá suporte para as idas e vindas do pensamento da autora, que não se restringe ao período considerado, enlaçando-o a outros momentos da trajetória dos autores, mesmo que sejam retomados posteriormente.

Sendo assim, certos fragmentos clínicos comparecem em muitos momentos do trabalho compondo a rede de reflexão que vai se tornando mais complexa na mesma medida do aporte de uma ampliação dos instrumentos teóricos. Aos poucos, vamos usufruindo da vantagem desse procedimento, pois a ausência de linearidade promove uma proximidade com o próprio objeto de investigação recortado pelo trabalho e mostra parentescos com o modo analítico de pensar. De modo que a leitura instrui por ser repleta de informações históricas e conceituais, mas nos permite ir além, pois estimula uma modalidade de experiência de transmissão de conhecimento em psicanálise.

No conjunto dessas muitas vozes autorais que são conectadas, a voz da autora emerge muito à vontade nas posições pessoais que são assumidas, assim veiculando uma apropriação de escolhas

12   PREFÁCIO

conceituais que só se fazem possíveis como efeito de uma relação muito próxima com o exercício da clínica, como não se cansa de demonstrar durante todo o seu trajeto.

O roteiro parte das ideias de Freud e Ferenczi, sendo privilegiados como comentadores Michel Neyraut, Jean-Luc Donnet, Patrick Guyomard e René Roussillon. São marcadas as várias teorias sobre a transferência presentes no pensamento freudiano, apresentadas em estreita proximidade com a discussão das ideias de Ferenczi, sendo enunciados, passo a passo, eixos que estarão subjacentes ao espectro multifacetado do estudo da transferência. Por exemplo, o período de 1895 já aloja uma interrogação crucial que conduzirá a respostas diversas: "Qual é, afinal, o material que se transfere na transferência?" E o relato de Dora explicita que a transferência não é apenas um elo que aponta para o infantil encoberto, mas "é ativa e produtiva no aqui e agora", convergindo para a ideia fundamental de que "*o infantil relança a realidade*" (p. 44).

Se a análise não cria a transferência, mas apenas a revela, Ferenczi avançará nessa direção na medida em que pontuará que aspectos "reais" da figura do médico provocarão no paciente diferentes modalidades de transferência, de tipo paterno e materno, ou seja, esses traços reais são responsáveis pela emergência de uma pluralidade de aspectos da "criança-no-adulto", perspectiva fundamental, desde que "a ideia de escutar a 'criança-no-adulto' – *o infantil* – me parece ser a condição básica para se conseguir uma postura analítica" (p. 55).

Nesse contexto, a transferência abordada como *cena* na linha da proposta de Pereira Leite (2005) é um eixo operacional fundamental de sustentação do trabalho na medida em que o parentesco do trabalho do ator e do analista permite circunscrever, como este último disponibiliza, a "matéria viva de seu psiquismo, esvaziando-se de sua 'pessoa real' [...] para dar vida a uma personagem e contracenar com outros", desde que "oferece sua contratransferência para que a transferência possa ganhar corpo", ou seja, "embora o roteiro seja dado pela transferência, a cena se constrói em coautoria" (p. 132-133).

É nesse sentido que Marion conduz, com firmeza, uma ideia que permeia toda a rede argumentativa do texto ao enfatizar que "o termo contratransferência tem um sentido bem mais complexo do que simplesmente de reação emocional à transferência (no sentido de ação e reação)" (p. 60), devendo ser lembrado que a temática da contratransferência começa a ocupar espaço na literatura pelo final dos anos 1940 e início do anos 1950, em especial nos trabalhos de Racker, Heimann e Winnicott.

Se o termo "neurose de transferência", formulado em 1914 em *Recordar, repetir e elaborar*, marca como é um *modo de ser* que é reproduzido na análise, deve ser destacado, escreve a autora, que "'tudo' ganhará um sentido mais preciso [...]" a partir de 1921: "[...] o que se repete são *identificações inconscientes* que determinam nossa maneira de sentir, pensar e agir. Considero essa ideia fundamental, pois a transferência convoca o analista a agir a identificação complementar, aquela que tem a ver com o inconsciente parental e que funcionou como um 'molde' para a identificação que está sendo agida pelo paciente" (p. 64).

A questão fundamental do agir (*agieren*) implicado na repetição é extensamente discutida na perspectiva das ideias de Donnet, para quem a relação entre recordar e repetir não deveria ser abordada em termos de uma oposição, mas em termos da ideia de um gradiente, desde que a análise opera justamente no espaço entre o falar e o agir, questão crucial, já que "a simbolização precisa do suporte do ato; o *agieren* é uma necessidade processual" (p. 66), de modo que o trabalho psíquico de elaboração se funda, necessariamente, nesse passo anterior.

No bojo da reflexão freudiana, encontramos respostas diferentes para a questão sobre *o que*, enfim, se repete na situação analítica. Aos desdobramentos clínicos do segundo dualismo pulsional e da segunda tópica, a autora reserva um acompanhamento cuidadoso que permite trazer à cena transferencial uma expansão do espectro das expressões psicopatológicas, com o reconhecimento das formas clínicas do masoquismo e da reação terapêutica negativa. Dessa forma, uma mudança é circunscrita nos planos conceitual e clínico com evidentes repercussões para o estudo dos meandros da transferência-contratransferência. Para além do *agieren*, articulado ao recalque do desejo infantil e ao retorno do recalcado, relativos à transferência neurótica e à operação do regime do princípio do prazer, a transferência passa a ser entendida, de um lado, como manifestação da *compulsão à repetição do traumático* e, de outro, como *atualização de identificações* inconscientes oriundas das relações com o objeto primário, no quadro das instâncias eu, id e supereu.

Nesse contexto, é fundamental a distinção proposta por Roussillon (1999a) entre trauma primário e secundário, relativos às simbolizações primária e secundária, pois permite entender a clivagem no âmbito das falhas no plano da representação da experiência e, portanto, a ausência de representação-coisa, sendo esse "o mecanismo comum a todos os tipos de sofrimento narcísico-identitário" (p. 77). Se Freud se refere ao retorno do recalcado na transferência neurótica, Roussillon se reporta, numa espécie de "licença poética", a um "retorno do clivado". Essa é uma diferenciação significativa desde que essa forma de "retorno" não se ampara em representações, mas em "elementos perceptivo-sensório-motores – a mesma matéria bruta dos traços mnêmicos do trauma" (p. 77). De modo que o campo transferencial-contratransferencial será muito mais atravessado por questões relativas ao *constituído* do que ao *conflito,* na linha das ideias de Winnicott, não devendo nos surpreender que a ressonância transferencial na contratransferência encontre na corporeidade do analista um alojamento privilegiado.

Do tipo de identificação que está em operação no momento se deriva uma transferência de conotação neurótica ou psicótica, respectivamente vinculadas a identificações histéricas ou narcísicas, quadro do qual emerge uma espécie de palavra-de-ordem do texto: "Quando o paciente fala, é preciso reconhecer 'quem' nele está falando, isto é, que identificação; e também com 'quem' está falando, isto é, qual é a posição identificatória complementar que está sendo atribuída ao analista." (p. 83).

Podemos perceber um fio condutor que vai sendo alinhavado desde as contribuições de Ferenczi, em 1924, relativas a uma crítica a um modo estereotipado e também excessivamente teórico e intelectualizado de clinicar, à ênfase na comunicação não verbal do paciente, à vinculação da transferência ao trauma precoce e à atenção ao narcisismo do analista no trabalho com a transferência negativa. Marion nos permite observar como essas ideias ferenczianas são absolutamente contemporâneas, sendo possível reconhecer sua influência sobre Klein, Balint e, especialmente, Winnicott.

Em seguida, merece um comentário crítico minucioso o conceito de "interpretação mutativa", de James Strachey (1934), cuja repercussão na história da psicanálise é inquestionável, sendo tematizados seus limites e desdobramentos e, em sua articulação com as contribuições posteriores de Heimann, Racker e Bion, é conduzida uma reflexão no sentido de poder afirmar que, em certos casos, "o analista se identifica, sim, com o que foi projetado e responde, inicialmente, exatamente como o objeto interno do paciente". Além disso, há situações em que "é fundamental que o analista se deixe levar pela convocação transferencial [...] para que o arcaico – o não simbolizado, o núcleo psicótico – possa se atualizar e ser trabalhado na situação analítica" (p. 95).

16 PREFÁCIO

Assim, apesar do alcance da concepção de que a mudança psíquica se articula à interpretação transferencial, "há muitas leituras do que seja uma interpretação transferencial" (p. 97), sendo aqui definida como "qualquer fala que *tome em consideração o diagnóstico transferencial*", termo que é utilizado para se "[...] referir ao conhecimento que podemos obter sobre como, de que maneira e para que o analista é convocado pela criança-no-paciente a se identificar com seu objeto primário, perpetuando a repetição sintomática". Nesse contexto, a opção por interpretar *a* transferência ou *na* transferência, "*depende da psicopatologia do paciente* e como ela se atualiza na situação analítica, isto é, do *diagnóstico transferencial*" (p. 101).

O pensamento de Melanie Klein em *As origens da transferência*, de 1952, é abordado por meio das intervenções de Betty Joseph e Elizabeth B. Spillius e, no contexto desse momento significativo na história do conceito de transferência, a autora dialoga seu destaque à observação da transferência negativa em função da posição central ocupada pelo ódio na posição esquizoparanoide, com as ideias de Winnicott (1955), que apresenta outras formas clínicas de transferência psicótica, como é o caso da transferência do não constituído (p. 104).

Em trabalho anterior (Minerbo, 2008), a autora havia feito referência a funcionamentos psicóticos "quentes" e "frios" pertinentes a dificuldades diversas na constituição do eu. Embora, no primeiro caso, o ódio ocupe um lugar proeminente, Marion não faz, como Klein, uma leitura de sua origem em termos de uma manifestação inata da pulsão de morte, mas de "uma reação à dor psíquica produzida por uma relação traumática com o objeto primário" – de qualquer forma, são "indivíduos cuja forma de ser e de sofrer pode ser melhor apreendida a partir da teoria kleiniana" (p. 107). Já as psicoses "frias" se reportam a falhas no investimento narcísico da criança por seu objeto primário, para cuja compreensão, as ideias de Winnicott podem ser mais esclarecedoras. Bem se vê em operação uma *posição* assim formulada: "Transito por autores diversos conforme a necessidade, sem jargões e sem me filiar a uma escola" (p. 28).

Do conjunto das contribuições de Racker, uma ideia fundamental e de "absoluta atualidade" é recortada, segundo a qual contratransferência e transferência devem ser concebidas como uma unidade indissolúvel, no bojo de uma dinâmica de relações recíprocas, de tal forma que a primeira não deve ser vista como simples reação à segunda, mas como uma "posição (ou atitude) interna básica do analista diante do paciente e seu material" (p. 121). Nesse quadro, insere-se a ideia de uma "contratransferência primordial", conforme definida por Figueiredo (2003), pois uma disponibilidade de funcionar como suporte da transferência se faz presente desde o início e é uma postura a ser mantida durante todo o processo de trabalho.

Se a situação analítica se oferece como palco em que se encenam as *formas de ser e de sofrer* pertinentes ao espectro da psicopatologia psicanalítica, trata-se justamente de criar as condições de seu reconhecimento e interpretação, na perspectiva que inspira todo o percurso deste trabalho: "contratransferência e transferência são posições identificatórias solidárias e complementares, de tal modo que uma desenha e dá sentido à outra" (p. 26). Dessa forma, monta-se uma rede consistente de argumentação que permite afirmar, mesmo que se considerem as diferenças nas conceituações de "campo" pelos Baranger (1961) em relação as de Herrmann (1991) e de Ferro (1998), que "o conceito de campo opera definitivamente um deslocamento da escuta analítica" (p. 131).

Se o sujeito é constituído por identificações diversas que a cada momento organizam o campo de uma maneira particular, o

18 PREFÁCIO

analista só tem acesso ao papel que lhe foi atribuído por meio da contratransferência e, no plano ideal, ele o interpreta em vez de atuá-lo, mas, frequentemente, só consegue reconhecer esse papel justamente ao contracenar com o paciente. Para esses casos nos quais é proeminente o campo do não simbolizado e em que se está no limite do analisável, o pensamento de Winnicott ocupa lugar privilegiado na reflexão empreendida pelo trabalho, na medida em que "abriu o caminho para a compreensão e o manejo da transferência do não constituído" (p. 140), cujo pensamento, na perspectiva de *Formas clínicas da transferência* (1955), é comentado e ilustrado clinicamente por Roussillon.

Do conflito como fundamento da compreensão metapsicológica freudiana e da concepção kleiniana da necessidade de integração das partes cindidas, Winnicott avançou para destacar a importância do *déficit* vinculado a falhas do objeto no processo de constituição do sujeito, desenhando um quadro teórico-metodológico para apreensão dos *distúrbios narcísico-identitários*, que se remete a dificuldades na constituição do narcisismo (o eu) e da identidade (*o self*). Dada a transferência de tipo fusional vinculada a esses pacientes, impõe-se uma mudança na dimensão técnica, pois o analista não dispõe do plano do "como se" para se posicionar, como no caso de um atendimento clássico – linha de compreensão que é expandida por Bleichmar (1997), que desenha o espectro da psicopatologia psicanalítica em função de patologias por conflito, déficit e identificação patológica originária.

As propostas desses autores, a ideia de uma postura mais implicada no exercício do *holding* e continência, conforme desenvolvida por Figueiredo (2008), e a perspectiva de Roussillon, uma referência fundamental no trabalho com distúrbios narcísico-identitários, convergem para as reflexões da última parte desse capítulo, dedicada a dois analistas contemporâneos: Marie-France Dispaux (2002) e Thomas Ogden, com cujos trabalhos Marion se identifica.

A primeira, por sua evidente posição como analista da era pós--escolas, desde que empreende uma orquestração de referências a Freud, Winnicott, Bion, Green e Roussillon, com Green articulando elementos de Bion e Freud, e Roussillon, de Freud e Winnicott; o segundo, por suas referências a Bion e Winnicott. Seguindo a estratégia presente em todos os capítulos, são apresentados os relatos de um ano de atendimento de Dispaux e uma única sessão de Ogden, nos quais são evidenciados os entrelaçamentos teóricos que dão suporte à condução de suas intervenções.

A rede de reflexão dos vários autores em torno dos eixos que escolhi nomear, entre outros, no espaço desta resenha, expande, enriquece, complexifica, expõe contradições e cria novos parâmetros de análise, de modo que essa "breve história" acaba sendo instigante e estimulante, pois a temática da transferência, como não poderia ser de outro modo, é um ângulo fértil de acesso ao estudo da história e da epistemologia da psicanálise.

III

Se transferência e contratransferência devem ser apreendidas no bojo de uma dinâmica de relações recíprocas, a derivação dessa ideia para a *supervisão* se fez imperativa a partir de Racker, desde que ela deve se ocupar também da contratransferência do analista e não apenas da transferência do paciente. Justamente, em função da ideia verdadeiramente essencial de que "a neurose de contratransferência é, tanto quanto a neurose de transferência, uma *necessidade processual*" (p. 121-122), as duas partes subsequentes ilustram, de modo exemplar, a rede de concepções, montada gradualmente,

20 PREFÁCIO

na qual essa ideia está inserida. Ambas remetem aos autores que ocupam a primeira parte, cujas ideias são revisitadas e expandidas na atenção minuciosa que pousa sobre este material clínico.

A autora justifica sua opção por trabalhar a temática deste livro por meio de seminários clínicos e supervisões não só em função da analogia entre o trabalho do ator e do analista como pelo fato recorrente de que os casos levados para supervisão, em geral, são aqueles em que o analista está preso numa repetição estéril com o paciente, com muita dificuldade de reconhecer os elementos implicados nessa repetição sintomática. Esse espaço se presta particularmente para acolher as nuances da comunicação verbal e não verbal capturadas nas brechas do discurso, além de poder utilizar a ressonância do relato tanto na supervisora, como, no caso do seminário, também nos colegas e na dinâmica do grupo.

As três situações clínicas que compõem a Parte II reportam a quatro seminários clínicos coordenados pela autora na SBPSP e a duas supervisões. Na linha da tese de que "a contratransferência desenha a transferência", elas pretendem permitir "reconhecer 'quem' o analista está sendo e 'quem' no paciente o está convocando", eixo fundamental subjacente à leitura proposta pelo trabalho. Na discussão desse material clínico, "Transito por autores diversos conforme a necessidade, sem jargões e sem me filiar a uma escola. Em seguida, procuro mostrar, usando a imaginação metapsicológica, de que maneira a contratransferência dá corpo e vida ao objeto primário do paciente" (p. 28). Também deve ser esclarecido que a palavra "técnica" é utilizada para se referir a "um caminho que determinado analista encontrou para trabalhar com determinado paciente em determinado momento da análise" (p. 241).

O pensamento de Fábio Herrmann é retomado não só no sentido de dar encaminhamento à noção de diagnóstico transferencial que está subjacente a todo o capítulo, como também para destacar o alcance *metateórico* de sua Teoria dos Campos, que denuncia a "relativização do dogmatismo das escolas psicanalíticas". Nessa linha, "Ele, como tantos autores contemporâneos, entende que a técnica precisa ser inventada para cada caso, em função do diagnóstico transferencial do momento", postura que transparece com clareza nas discussões preciosas que atravessam esse capítulo, exercício explícito da proposta de que "A teoria nunca é aplicada ao paciente 'de fora para dentro' – ela surge quase como associação livre, 'de dentro para fora'" (p. 175).

Também o conceito de objeto primário é tematizado em função do lugar nuclear que ocupa nessa parte a partir das características pertinentes aos elementos dos tipos *alfa* e *beta* (Bion, 1962), reportando os primeiros à estrutura enquadrante interna na linha do pensamento de Green (2002) e esclarecendo as qualidades erótica e tanática que a autora atribui aos últimos; da ideia de Ferenczi da confusão de línguas entre o adulto e a criança e da teoria da sedução generalizada de Laplanche, que, em seu conjunto, reportam à dimensão traumática do inconsciente parental para a psique em formação; e da integração que faz Figueiredo (2009) das ideias de vários autores no sentido de contextualizar "o objeto bom" e "o objeto mau" (p. 180).

Citando um trabalho anterior (Minerbo, 2019), a autora propõe que se diferenciem os significantes enigmáticos relativos às questões edipianas daqueles pertinentes às questões narcísicas, pois terão "destinos diferentes ao serem alojados pela psique em formação", desdobrando-se no recalcado e no clivado, relativos respectivamente a núcleos neuróticos e psicóticos (p. 178).

Enfim, essa parte é muito bem-sucedida em termos de seus propósitos. A apresentação dos casos é entremeada não só por referências à rede conceitual apresentada na Parte I como também pela entrada em cena de outros autores e novos aportes teóricos, de modo que ao leitor é oferecida uma oportunidade de acompanhar bem de perto uma interlocução da teoria com a clínica, exercitando ali mesmo a operação dos instrumentos teóricos para o qual vem sendo preparado desde o início do livro.

Creio que seja esta justamente uma das contribuições maiores deste livro interessante e criativo em sua maneira de transmitir conhecimento: a possibilidade de metabolização do universal pertinente à teoria, em seu confronto vivo com a singularidade dos casos apresentados, por meio do contato com uma diversidade de perspectivas teóricas. O leitor pode acompanhar, observar e discriminar os desdobramentos de hipóteses que dão fundamento ao que é privilegiado na escuta, desde que a *posição teórica* em que se coloca o analista define inevitavelmente *pontos de vista* e, portanto, modos de engendrar o diagnóstico transferencial e a condução do tratamento, estimulado a transitar pela estreita relação de intimidade que deve haver entre a atmosfera da ficção metapsicológica e a prática clínica.

A Parte III trata de transferências cruzadas e complementares no cotidiano no âmbito do exercício metapsicológico de uma psicanálise *implicada* no cotidiano de evidente ressonância nos dias atuais. O tema corrupção é abordado dessa forma, retomando uma das vertentes de reflexão do primeiro capítulo, na linha do alerta de Ferenczi, segundo o qual a transferência ocorre com figuras *atuais* do cotidiano do paciente, sendo sua ressonância na relação com o analista apenas a expressão de um fenômeno mais geral.

A proposta é demonstrar como formas de enlouquecimento podem ser produzidas no/pelo campo transferencial quando os sujeitos envolvidos atuam transferências cruzadas e complementares. O recorte utilizado reporta ao enlouquecimento por excesso de poder, cujo desdobramento sintomático é a "corrupção deslavada", anunciando um recorte de reflexão que aponta, uma vez

TRANSFERÊNCIA E CONTRATRANSFERÊNCIA   23

mais, como o patrimônio conceitual da psicanálise está atravessado, desde suas origens, pela imbricação radical entre o individual
e o coletivo.

Creio que dá para perceber que usufruí deste livro com muito
gosto. Ele chega em boa hora e o recomendo enfaticamente para
analistas em formação e quaisquer outros que se permitam transitar com liberdade pelas fronteiras conceituais, espaço potencial-
mente tão promissor para o trato com as formas proeminentes de
sofrimento psíquico da atualidade.

Introdução

Este livro foi escrito com base em um curso oferecido inicialmente na Sociedade Brasileira de Psicanálise de São Paulo (SBPSP) e, logo, em vários outros grupos psicanalíticos.

Minha intenção não foi fazer uma revisão bibliográfica exaustiva sobre transferência e contratransferência – tarefa impossível – mas colaborar para que analistas em formação pudessem desenvolver, *dentro de um recorte do tema*, uma visão crítica que os remetessem diretamente à sua clínica.

Num livro anterior, *Neurose e não neurose* (Minerbo, 2019), procurei oferecer elementos básicos sobre duas categorias amplas e universais da psicopatologia psicanalítica, neurose e não neurose, entendidas como *formas de ser e de sofrer*. Conhecer alguma psicopatologia é condição necessária para formar uma escuta psicanalítica, mas não é suficiente para clinicar. Nosso trabalho exige, também, reconhecer e interpretar como modos de ser e de sofrer *singulares* se atualizam na situação analítica viva, protagonizada por analista e paciente.

26 INTRODUÇÃO

Para tanto, o analista se esvazia de sua "pessoa real" (juízos de valor, opiniões pessoais, desejos, necessidades e até mesmo de dores relacionadas a circunstâncias presentes de sua vida) e disponibiliza apenas a *matéria viva de seu psiquismo* – sua *contratransferência* – por meio da qual dará forma e vida ao objeto primário que o paciente convoca na/pela *transferência*.

Idealmente, tentamos reconhecer "quem" está na origem das identificações que determinam a forma de ser e de sofrer para a qual o paciente vem buscar alívio. Idealmente, poderemos então interpretar e/ou nos reposicionar de modo a interromper a repetição sintomática.

Uma mesma ideia atravessa e norteia todos os capítulos: contratransferência e transferência são posições identificatórias solidárias e complementares, de tal modo que uma desenha e dá sentido à outra.

* * *

O recorte dentro do qual trabalharei é apresentado na Parte I, "Breve história comentada dos conceitos de transferência e contratransferência". Escolhi como eixo condutor textos clássicos dos autores mais trabalhados na SBPSP.

Os comentários, porém, já refletem uma visão pessoal sobre eles – são reflexões críticas, minhas ou de outros autores contemporâneos, sobre os primeiros. Sempre que possível, apresento ilustrações clínicas que me ajudam a dialogar de forma encarnada com os autores e comentadores escolhidos.

Embora o eixo seja histórico e os comentários, ainda que de autores contemporâneos, refiram-se ao momento histórico considerado, o capítulo se parece mais com um ensaio: o leitor encontrará idas e vindas entre o texto clássico e os comentadores, e entre

TRANSFERÊNCIA E CONTRATRANSFERÊNCIA 27

estes e as vinhetas clínicas. Procuro mostrar também o alcance e os limites do trabalho teórico e clínico dos autores que se seguem:

- começo, naturalmente, com Freud e Ferenczi, comentados por Neyraut, Donnet, Guyomard e Roussillon;

- faço uma apresentação crítica da contribuição de Strachey, cujas ideias sobre a interpretação transferencial marcaram a história da psicanálise;

- discuto *As origens da transferência* (Klein, 1952), bem como suas consequências para a clínica, por intermédio de duas comentadoras, Joseph e Spillius;

- apresento as ideias de Racker sobre contratransferência, mostrando seus limites, mas também sua atualidade, fazendo-o dialogar com outros autores para quem transferência e contratransferência são solidárias;

- sigo com *Formas clínicas da transferência* (Winnicott, 1955-1956), junto com comentários e exemplos clínicos de Roussillon;

- concluo o primeiro capítulo com dois autores contemporâneos, Dispaux e Ogden, com cujo trabalho clínico me identifico. Mostro e comento como usam e integram conceitos de Bion, entre outros autores.

* * *

Na Parte II, "Seis situações clínicas comentadas", quatro seminários clínicos e duas supervisões nos ajudarão a entender, na prática, como a contratransferência desenha a transferência. Tentaremos reconhecer "quem" o analista está sendo e "quem" no paciente o está convocando.

Como ponto de partida, a teoria, instrumentada pela escuta analítica, organiza os dados da clínica e permite, por sua vez, ir

28 INTRODUÇÃO

construindo o caso, passo a passo, junto com o leitor. Transito por autores diversos conforme a necessidade, sem jargões e sem me filiar a uma escola. Em seguida, procuro mostrar, usando a imaginação metapsicológica, de que maneira a contratransferência dá corpo e vida ao objeto primário do paciente. Por fim, será possível reconhecer como cada um desses seis modos de ser e de sofrer se atualizam na situação clínica viva, e como podem ser trabalhados.

Abro essa parte com "Pequenas notas necessárias", nas quais justifico a opção de trabalhar com material de seminários clínicos e supervisões, e apresento meu método de trabalho nessas situações. Defino termos que serão usados nas discussões: diagnóstico transferencial, objeto primário e posições identificatórias complementares.

Em "A tontura de Jasmin", mostro como elementos relacionados às falhas no *holding* por parte do objeto primário retornam na transferência em estado bruto e ganham uma primeira forma psíquica a partir da contratransferência.

"Alguém" na analista de Joel exclama: "Ufa, agora vai!". Retraçamos, a partir de elementos verbais e não verbais de seu relato, as identificações narcísicas primárias de um paciente melancólico e as relacionamos à figura da mãe morta.

Em "Jade falava, falava, falava", abordo o trauma precoce ligado à passivação da criança frente a um adulto abusivo e intrusivo. Na contratransferência, a analista encarna temporariamente a criança-em-Jade enquanto esta, identificada a seu objeto primário, fala sem parar.

Em "O amor impiedoso de Jairo", a contratransferência negativa é a via de acesso a uma transferência amorosa impiedosa. A analista encarna um objeto primário que é visto por Jairo como inesgotável e indestrutível e, por isso, pode ser usado sem consideração.

É difícil "Não tentar salvar Juliana", que atua o tempo todo convocando, seja a rejeição, seja o amor incondicional e a onipotência de seu objeto. Em outro momento, "alguém" na analista exclama: "É claro que ela não vai conseguir!". Reconhecemos aí um objeto primário que se defende atacando o narcisismo da criança-em-Juliana.

Na última situação, uma contratransferência bizarra nos ajuda a apreender uma configuração psíquica peculiar, em "Joana, que parece, mas não é". Mais do que um falso *self*, pensamos numa identificação com um objeto primário oco, cujo psiquismo inconsistente é incapaz de fazer contato real com sua experiência emocional.

* * *

Por fim, na Parte III, "Transferências cruzadas e complementares no cotidiano: corrupção, poder e loucura", trabalho com o conceito de transferência na vida cotidiana. Procuro mostrar como certas formas de enlouquecimento podem ser geradas no/pelo campo transferencial. Isso acontece quando os sujeitos envolvidos atuam transferências cruzadas e complementares. Nas transferências *cruzadas*, há dois ou mais sujeitos que fazem transferência uns com os outros. Ao mesmo tempo, cada um deles pode atuar de forma a *complementar* a transferência do outro. Esses temas serão tratados tendo como eixo "clínico" o enlouquecimento por excesso de poder e um de seus sintomas: a corrupção deslavada.

PARTE I

Breve história comentada dos conceitos de transferência e contratransferência

1895

Freud teve ao longo de sua obra várias teorias sobre a transferência. A primeira menção ao termo foi em *A psicoterapia da histeria* (1893-1895). Ainda não era um conceito, mas o nome de um fenômeno. Estava-se ainda no período da análise catártica com sugestão. Do ponto de vista teórico, afetos estrangulados relacionados a algum evento traumático se transformavam em sintoma. Do ponto de vista técnico, o médico fazia pressão para que a paciente se recordasse desses eventos.

Tudo ia bem até que, por algum motivo, a paciente parara de falar. Freud percebeu que havia um obstáculo que não era de natureza interna, mas externa. Tratava-se de perturbações relacionadas à pessoa do médico. A paciente podia estar magoada com ele ou ter medo de se apaixonar e perder sua autonomia. Ou pode ter aflorado representações penosas que a paciente transfere para a pessoa do médico. "A transferência com o médico acontece por um falso enlace" (Freud, 1893-1895, p. 306).

O falso enlace era duplo. O passado era confundido com o presente, e a pessoa do médico com outra. Um elo perdido – porque estava recalcado – permitiria matar a charada, ligando presente e passado. O elo tinha a ver com um desejo inaceitável: um desejo inconsciente relacionado a outro homem.

> *Certa vez, ao término de uma sessão, aflorou este desejo em relação a mim. [...] Em virtude da compulsão a associar dominante na consciência o desejo agora presente foi ligado à minha pessoa [...] o falso enlace desperta o mesmo afeto que naquele momento forçou a paciente a proscrever esse desejo proibido (Freud, 1893-1895, p. 307).*

Freud lidava com o falso enlace levando o paciente a descobrir o nexo entre a pessoa a quem se dirigia esse afeto e a pessoa do médico.

* * *

A palavra "falso", usada por Freud, deixou de ter o sentido de "erro" e "equívoco" com a descoberta do inconsciente.

- O enlace pode ser falso do ponto de vista do adulto que está deitado no divã, mas é absolutamente verdadeiro do ponto de vista da criança-nesse-adulto. É ela, e não o adulto, que interessa à escuta analítica. Em outros termos, o enlace é verdadeiro do ponto de vista do inconsciente;

- Além disso, o traço do objeto atual que "desperta" o infantil também é absolutamente verdadeiro. Se a paciente se apaixona pelo médico é porque ele efetivamente está na posição de adulto-cuidador, traço que convoca nela a criança-amada-cuidada. O equívoco ou o falso enlace consiste em tomar o cuidado-dedicado de hoje como o mesmo

TRANSFERÊNCIA E CONTRATRANSFERÊNCIA 35

cuidado-dedicado de então, que era efetivamente motivado pelo amor dos pais.

No texto de 1895, a transferência é de um "desejo inaceitável".

Inaugura-se, aqui, a questão sobre qual é, afinal, o material que se transfere na transferência – questão que receberá novas respostas tanto de Freud quanto dos analistas que estudaremos neste livro.

Só para dar uma ideia, em 1914, Freud dirá que o que se transfere é o próprio modo de ser, a própria neurose (neurose de transferência). Em 1920, a transferência terá a ver com o pulsional não ligado – o id, a pulsão de morte. Por fim, em 1921, ele falará da transferência do ideal do ego e do superego. Klein (1952) dirá que o que se transfere são relações de objeto precoces, envolvendo fantasias inconscientes e defesas primitivas. Winnicott (1955) dirá que o que se transfere é o não constituído em função das falhas do ambiente. Como se vê, Freud e os pós-freudianos irão reconhecer, a partir de matrizes clínicas distintas, várias modalidades de transferência.

* * *

Voltando ao falso enlace, Neyraut (1974, p. 7) diz que "a transferência é o quiproquó do inconsciente". A tradução seria algo como "aqui no lugar de lá, agora no lugar de então". Um elemento essencial à escuta analítica é não perder de vista que, no discurso do paciente, há dois tempos que se superpõem.

Essa formulação, que hoje pode parecer banal, é escandalosa porque a transferência implica a desconstrução de categorias temporais – passado e presente – até então muito bem definidas. Agora, presente e passado se superpõem.

Mas a transferência também é escandalosa porque desconstrói radicalmente o sujeito mais ainda do que a descoberta do inconsciente da primeira tópica. Como veremos adiante, a partir de 1921 e da segunda tópica, ela passa a ser entendida como transferência de instâncias psíquicas – e, portanto, das identificações que as constituem. Escutar analiticamente significa tentar reconhecer "quem" – qual identificação – está falando pela boca do paciente e qual é a identificação complementar que ele nos convida a atuar na contratransferência.

1900

O mesmo termo "transferência" aparece em *Interpretação dos Sonhos* (Freud, 1900), porém com outro sentido. Já não é transferência sobre o analista, mas sobre materiais do pré-consciente, isto é, sobre a fala.

No Capítulo 4, Freud fala do trabalho do sonho, isto é, como o aparelho psíquico cria as imagens do sonho.

A representação inconsciente é incapaz de entrar no pré-consciente, e só pode exteriorizar um efeito se entra em conexão com uma representação inofensiva que já pertença ao pré-consciente, transferindo-lhe sua intensidade e deixando-se encobrir por ela. Este é o fato da transferência, que explica tantos fatos da vida anímica dos neuróticos (Freud, 1900, p. 554).

As imagens que têm a ver com as experiências cotidianas, isto é, os restos diurnos, oferecem as representações inofensivas nas quais as representações inconscientes pegam carona para aparecer, de forma disfarçada, no sonho. A importância disso é que a própria sessão pode ser vista como um sonho quando o paciente funciona num registro mais onírico, associando em processo primário.

Nesse contexto, quando o paciente "sonha" com o analista, ainda que esteja acordado, este pode ser entendido como tendo o mesmo estatuto de um resto diurno. Isso significa que o mais importante não é o fato do paciente mencionar a pessoa do médico, mas o mecanismo que o leva a valorizar de forma privilegiada essa representação.

Esse mecanismo é o deslocamento, também presente no trabalho do sonho. Deslocamento que nada mais é do que a transferência da carga afetiva de uma representação a outra. O analista é uma representação inocente que ganha intensidade imerecida porque recebeu a carga afetiva ligada originalmente a uma representação recalcada – e é ela que interessa.

Assim, já na primeira tópica e na primeira teoria das pulsões, Freud passa da descrição do fenômeno "falso enlace" para uma compreensão metapsicológica: transferência é deslocamento.

1905

A partir do Caso Dora, a transferência deixa de ser meramente um mecanismo (deslocamento) e passa a ser um conceito e uma teoria, cuja definição oficial aparece no epílogo:

> *Que são transferências? São reedições, recriações das moções e fantasias que a análise desperta à medida que avança. O característico de todo o gênero é a substituição de uma pessoa anterior pela pessoa do médico. Para dizer de outro modo: toda uma série de vivências psíquicas anteriores não é revivida como algo passado, mas como vínculo atual com a pessoa do médico (Freud, 1905, p. 101).*

Como veremos adiante, Ferenczi (1909) notou que a transferência acontece com várias figuras atuais do cotidiano do paciente, e que o analista é apenas um caso particular de um fenômeno mais geral. Faço esse comentário porque, muitas vezes, a transferência

40   1905

com figuras atuais passa despercebida. E não falo das figuras óbvias, como o chefe, mas de tantos outros suportes atuais.

Eis alguns exemplos: a relação muito conturbada com um filho, que pode ser efeito de uma transferência negativa; um paciente que tem uma relação ambivalente com a medicina, dividida em boa/homeopática e má/alopática; outra que faz uma transferência fusional com seu cão – se o cão morrer, ela tem medo de morrer junto; outro que se sente perseguido e ameaçado pelo banco onde seu saldo está negativo; e outro que faz uma transferência com a empresa, esperando dela provas de amor na forma de um dinheiro extra a que não teria direito.

A leitura do caso mostra que Freud (1905) já entendeu que a transferência é um fenômeno inescapável e que é a parte mais difícil do tratamento, pois, ao contrário do material clínico comum que o paciente "entrega" nas associações livres, a transferência precisa ser "adivinhada quase por conta própria baseando-se em mínimos pontos de apoio e evitando incorrer em arbitrariedades" (Freud, 1905, p. 102). Por outro lado, afirma também que "o que era máximo obstáculo se converte em auxiliar mais poderoso, quando se consegue descobri-la em cada caso e traduzi-la para o paciente" (Freud, 1905, p. 103).

E isso inclui elucidar a transferência hostil: "só depois de resolvê-la o paciente pode obter a sensação de convencimento sobre a correção dos nexos construídos" (Freud, 1905, p. 102).

* * *

Vários comentadores extraem do Caso Dora conclusões de peso, não apenas do ponto de vista histórico, mas também da clínica.

Segundo Neyraut (1974, p. 134), até então, Freud conhecia a transferência *explícita*, seja a que envolvia elementos "escabrosos" que as pacientes confessavam ou calavam, seja os elementos necessários à interpretação de um sonho que a paciente oferecia. *Com Dora, ele descobre a transferência implícita, aquela que precisa ser adivinhada – e interpretada – porque é invisível e só aparece em momentos de estagnação, de impasse ou de ruptura.* Na Parte II, discuto casos que foram apresentados em seminário clínico justamente em função da estagnação do processo, o que torna esse momento especialmente propício para descobrir a transferência.

Freud diz no Epílogo que a ruptura se deve ao fato de não ter percebido a transferência homossexual de Dora – ele estaria no lugar da Sra. K. Seria, então, uma resistência contratransferencial: a análise empaca porque o analista resiste à transferência. Mas, além disso, Neyraut vê uma participação ativa de Freud no movimento que levou à ruptura da análise. O relato do caso mostra como Freud confrontava Dora e também como a paciente obedece, submete-se, mas também se opõe e se revolta. Enfim, Freud fazia muitas coisas além de interpretar: "estímulos, broncas, solicitações, provocações, deduções, afirmações, seduções" (Neyraut, 1974, p. 137).

Mais do que resistências, são atuações – e a contratransferência tem a ver com todas essas coisas que o analista *faz*, e não só o que ele *sente*. Neyraut acha que é a contratransferência – resistências e atuações – que nos dá notícias da transferência que, em si mesma, *é invisível e está implícita*. Há uma frase deliciosamente esclarecedora:

Falar de transferência sem falar de contratransferência é como usar os mapas marítimos de Lewis Carroll na caça ao tubarão, e que não traziam, como se sabe, nenhuma referência à costa terrestre (Neyraut, 1974, p. 137).

42   1905

Na Parte II, como veremos, a "costa terrestre" é a contratransferência.

* * *

Lacan, citado por Guyomard (2011, p. 40), vai ainda mais longe. Para ele, quando Freud atua a contratransferência, ele *induz* a transferência hostil de Dora, sendo que ele define transferência como a aparição, num momento de estagnação da análise, "dos modos permanentes mediante os quais o sujeito constitui seus objetos". Por isso, diz Lacan, se o analista se identifica com o objeto assim constituído, "congela e perpetua esses momentos, dando--lhes uma falsa consistência". É o que acontece nessa análise: como se estivesse lidando com um simples romance, Freud torcia para que Dora ficasse com o Sr. K., o que mostra como estava identificado com essa figura.

Ao atuar a contratransferência, o analista passa a ser o demandante de alguma gratificação e, nesse sentido, é ele que faz transferência com o paciente. Assim como o Sr. K, *Freud demandava coisas de Dora*. Ela era uma "peça de propaganda" (Neyraut, 1974, p. 143) importante para ele. Queria que ela se convencesse, a partir das interpretações, da origem infantil e sexual de sua neurose.

Além disso, falar de coisas sexuais com essa adolescente não era um discurso neutro, mas também uma tentativa inconsciente de sedução (Neyraut, 1974, p. 142). Resultado: ela se vinga de Freud (como antes do Sr. K), atingindo-o em sua dignidade profissional e impedindo-o de obter dela a gratificação desejada.

Aliás, com esse caso, também aprendemos que não podemos desejar nada de nossos pacientes, nem mesmo sua cura. A razão para isso é que, quando desejamos algo, estamos fazendo transferência com eles, criando uma situação complicada de transferências cruzadas (ver Parte III).

TRANSFERÊNCIA E CONTRATRANSFERÊNCIA

* * *

Neyraut diz que, até o Caso Dora, o importante, a verdade a ser descoberta, tinha a ver com os conflitos relacionados à vida sexual infantil e que estavam na base dos sintomas neuróticos. A transferência (a referência ao analista, isto é, ao atual) era apenas mais um elo – habilmente escolhido, mas puramente casual – nas associações rumo ao infantil. Era uma *concepção associativa da transferência*. Nesta, o polo infantil era muito mais importante do que o polo atual. Depois de Dora, ele percebe que *a transferência evolui entre os dois polos, infantil e atual,* num movimento de progressão e regressão, numa oscilação entre presente e passado.

Com aquela primeira concepção de transferência em mente, ele estava preocupado em elucidar o enigma da enurese e da masturbação infantil por meio de seus sintomas: a chupadora de dedo e a leucorreia. Por isso, mesmo quando percebe referências à sua pessoa, isto é, ao atual, interpreta-as como resistências que encobrem o desejo infantil.

Dora sonha com um incêndio e diz: "Um grave perigo me ameaça aqui", e, no sonho, decide partir com o pai. Fiel à sua linha de pensamento, Freud entende que o atual, "aqui", encobre o desejo de partir com o pai. Mas supõe que "o grave perigo [atual] que me ameaça aqui" é o medo/desejo de ceder ao seu amor pelo Sr. K.

Evidentemente, Freud não imaginava que, inconscientemente, poderia estar seduzindo Dora. Por isso, não percebeu que o grave perigo que a ameaça é "aqui" em seu consultório e não na cena do lago. "A ruptura da análise mostra que "aqui" era também o consultório de Freud e a tentação atual era ser beijada por ele" (Neyraut, 1974, p. 141).

A grande descoberta de Freud é que a transferência não é um mero elo associativo rumo à descoberta do infantil. A transferência

44 1905

é ativa e produtiva no aqui e agora: foi ela que produziu o sonho, o que mostra que ela "evolui entre dois polos, um polo infantil, e um polo atual" (Neyraut, 1974, p. 140).

Freud muda de concepção de transferência quando entende que "o atual reativa o desejo infantil, e o desejo infantil relança a realidade" (Neyraut, 1974, p. 141). O trabalho analítico deverá considerar esse jogo de forças. Atualmente, um analista tenderia a interpretar o sonho primeiro como referência ao perigo representado pelo analista e, secundariamente, ao desejo infantil de continuar com papai.

* * *

Ainda no Caso Dora, Freud (1905) afirma que a análise não cria a transferência, simplesmente a revela. Mas, como veremos com Ferenczi (1909), elementos "reais" da figura do médico – se ele é mais do tipo severo ou do tipo indulgente – convocam, no paciente, diferentes tipos de transferência, respectivamente paterna e materna.

Exemplos não faltam de como esses elementos reais convocam os mais diversos aspectos da criança-no-adulto. Na Parte II, em "A tontura de Jasmin", Paulo, o namorado "abandônico", faz com que ela fique fixada transferencialmente a ele justamente em função desse traço.

Assim, retomando Lacan, se Freud de fato desejava/demandava coisas de sua paciente, ele contribuiu para a criação da transferência hostil e para a repetição sintomática.

Mais uma observação sobre o Epílogo: Freud fala em "transferências" – no plural – porque se refere a moções e fantasias que a análise desperta à medida que avança. Em 1914, o termo passará a ser usado no singular: neurose de transferência. Essa diferença sinaliza mais uma mudança conceitual. Não são mais moções pulsionais e afetos isolados, pontuais, que são transferidos, mas um *modo de ser sintomático*. Ou seja, são identificações.

Em 1905, a transferência é vista como "substituição de uma pessoa anterior pela pessoa do médico". Ferenczi, em 1909, dirá que a "pessoa anterior" é uma figura parental – a imago paterna e materna.

1909

Em 1909, Ferenczi publica o primeiro texto oficial sobre transferência na história da psicanálise: *Transferência e introjeção*. Freud já fizera várias menções a ela, mas até então não lhe dedicara um texto inteiro, o que acontecerá em 1912 em *A dinâmica da transferência*. Inicialmente, o autor explora uma variedade de fenômenos do cotidiano – o exagero das reações neuróticas na vida, a simpatia e antipatia, a hipnose e a sugestão – que ganham inteligibilidade graças ao conceito de transferência.

Atualmente, há o fenômeno das transferências na *internet*, que o conto de Beatriz Bracher (2009) *Ficamos por aqui, para dizer a verdade* ilustra com perfeição. Nele, uma mulher manda um e-mail a um conhecido pedindo seu endereço para lhe enviar o convite. Ele responde com um e-mail cuidadoso e interessado. Para surpresa de ambos, uma comunicação intensa e preciosa nasce pelo simples fato da resposta atenta de cada um. O fato de não se verem nem partilharem o cotidiano ajudou a tecer entre eles um delicado envolvimento amoroso. "Aconteceu que as palavras quiseram tomar corpo..." (Bracher, 2009).

O conceito de transferência ajuda a entender por que a comunicação virtual pega fogo com tanta facilidade. A combinação dos elementos ausência de contato físico + resposta atenta faz aflorar, rapidamente e com grande intensidade, um amor semelhante ao que sentimos por quem cuidou atentamente de nós quando éramos pequenos. Nosso primeiro amor foi vulcânico. Com o tempo, conseguimos domá-lo, mas ele continua vivo, pronto para entrar em erupção. Basta que alguma coisa no presente se pareça, ainda que de forma irreconhecível, mas certamente inconsciente, com o que foi vivido no passado, para que a química aconteça e a coisa pegue fogo.

Certo tipo de corrupção também pode ser entendido como efeito de transferências cruzadas (ver Parte III). A pessoa que tem algum tipo de poder pode convocar, transferencialmente, a criança-siderada-submissa no outro. Isso, contudo, não é suficiente. É preciso também que a pessoa que se comporta de maneira subalterna convoque, na pessoa que tem poder, sua criança-onipotente – "sua majestade o bebê" (termo usado por Freud em *Introdução ao narcisismo*, 1914/2010), que acha que pode tudo. É nesse campo transferencial que pode surgir a corrupção deslavada, aquela que nada teme.

* * *

Voltando a Ferenczi (1909), ele mostra também que a transferência é um fenômeno universal (pensava-se que apenas os neuróticos transferiam), porém mais intenso nos neuróticos. Ademais, a transferência para o médico é apenas uma manifestação particular da tendência geral dos neuróticos para transferir.

Ele ainda relaciona a transferência ao complexo de Édipo recalcado, colocando as figuras parentais e as constelações afetivas inconscientes que lhes são dirigidas no centro desse fenômeno.

Também faz o esboço de uma metapsicologia da transferência. Freud (1905, p. 103) só a abordou como elemento da técnica, por exemplo, quando diz "o que era máximo obstáculo se converte em auxiliar mais poderoso, quando se consegue descobri-la em cada caso e traduzi-la para o paciente". Para Ferenczi, o recalque do complexo de Édipo libera libido – o afeto fica flutuante e produz ansiedade. Para acalmá-la, a libido precisa se ligar a novos objetos; daí a transferência.

Ele descreve dois tipos de transferência: por projeção e por introjeção. A primeira é típica do paranoico, que projeta no exterior os afetos penosos e acredita reconhecer o amor e o ódio que nega existir em si mesmo. Já o neurótico

> *[...] procura incluir em sua esfera de interesses uma parte tão grande quanto possível do mundo externo, para fazê-lo objeto de fantasias conscientes e inconscientes [...] Proponho que se chame introjeção a esse processo inverso da projeção. [...] História do desenvolvimento individual do ego – ou ontogênese – nos convencerá de que a projeção paranoica e a introjeção neurótica constituem apenas exagerações de processos mentais cujos elementos se encontram em todo homem normal (Ferenczi, 1909, p. 84).*

Dessa forma, ele antecipa as ideias que, mais tarde, Melanie Klein desenvolverá.

* * *

Segundo Neyraut (1974), Freud nunca pôde dar um estatuto metapsicológico à transferência em função do *estatuto do objeto na metapsicologia*, no qual:

- O objeto pode ser cuspido com ódio ou incorporado no amor;

- O objeto comparece como objeto contingente da pulsão;

- Ou como o objeto perdido, que dará origem à identificação.

Mas o objeto não comparece como outro-sujeito, com um psiquismo próprio que, em conjunto com outro(s) psiquismo(s), constitui um *campo intersubjetivo*, como acontece na situação analítica. Nesse sentido, Neyraut vê a metapsicologia como um sistema essencialmente monádico, isto é, fechado em si mesmo, no qual descreve:

- As "partes" do aparelho psíquico – a dimensão tópica (primeira e segunda tópica) da metapsicologia;

- Os modos de distribuições de energia – energia livre e ligada, libido narcísica e objetal, pulsões de vida e de morte – o que configura o aspecto econômico da metapsicologia;

- Sua dinâmica em termos de conflitos, seja entre representações incompatíveis, seja entre pulsões de autoconservação e sexuais, entre instâncias (ego, id, superego ou entre duas grandes tendências: a de aumentar – Eros – ou de diminuir sua tensão interna – Tanatos).

A metapsicologia pode explicar sonhos, atos falhos, resistências e sintomas, mas não dá conta de explicar a *transferência na situação analítica*. Alguns analistas da década de 1940 perceberam esse problema e começaram a pensar a situação analítica como dual.

TRANSFERÊNCIA E CONTRATRANSFERÊNCIA   51

* * *

Balint (1949), citando Rickman, defendeu a necessidade de se passar de uma *one-body psychology* (psicologia de uma só pessoa) para uma *two-body psychology* (psicologia de duas pessoas). A psicologia de uma só pessoa supõe que o psiquismo é algo que "pertence" e "está dentro" de cada um. A psicologia de duas pessoas se encaminha para a ideia de que cada um só é o que é *em relação a*, e *na relação com* o outro, ainda que seja o outro-dentro-de-nós.

Nesse sentido, Balint (1949/1994) observa que quase todos os termos e conceitos da teoria que foram criados para entender a psicopatologia psicanalítica (as neuroses de angústia e as neuroses narcísicas) privilegiam a *one-body psychology*, e por isso

> *só podem dar uma descrição aproximada do que acontece na situação analítica viva, que é essencialmente uma two-body situation (Balint, 1949/1994, p. 235).*

Ou seja, trata-se de uma situação dual.

Mas a situação analítica também não é dual: ela não é formada propriamente por duas pessoas. Pensar assim eliminaria a *ambiguidade* essencial à situação, condição necessária para que a análise aconteça. Pois o analista é, e ao mesmo tempo não é, uma pessoa, já que empresta seu corpo-alma para ser moldado pela transferência. Idealmente, ele se esvazia de sua pessoa "real" (por exemplo, juízos de valor ou opiniões pessoais) – *mas não da matéria viva de seu psiquismo* – para deixar que a transferência convoque nele certos aspectos que são-ele-com-esse-paciente. É claro que esses aspectos também são reais, mas são reais-naquela-análise. Outros aspectos serão reais-em-outra-análise.

52   1909

Por isso, para Neyraut (1974, p. 67), o que há são duas subjetividades "que se opõem e que se ligam pelo princípio de sua contradição formando uma unidade": transferência e contratransferência.

* * *

Em 1961, o casal Baranger, ligado à tradição kleiniana e radicados na Argentina, usou pela primeira vez o termo *campo* para se referir à situação analítica. A dicotomia transferência-contratransferência é substituída pela ideia de uma unidade indissolúvel em que paciente e analista não podem mais ser compreendidos separadamente. O campo é estruturado pela fantasia inconsciente compartilhada pelos dois. "Nenhum membro dessa dupla é inteligível dentro da situação sem o outro" (Baranger; Baranger, 1961, p. 129).

Entre nós, em 1969, num texto que permaneceu inédito, Fabio Herrmann criou o sistema campo/relação. Campo é um conceito epistemológico que se refere a um inconsciente operacional, pura lógica das emoções que determina as relações, sem qualquer conteúdo. Poderia ser aproximado do conceito de fantasia inconsciente porque ambos se referem à ordem de determinação da vida emocional. Em 1979, ele cria a Teoria dos Campos, momento em que surgem os termos "campo psicanalítico" e "campo transferencial". Leda Herrmann sintetiza a ideia de campo transferencial:

> *A Teoria dos Campos define a transferência como campo, envolvendo nele, no campo transferencial, imediata e indiscernivelmente a contratransferência. Como campo, tanto transferência como contratransferência perdem a condição de serem tomadas como um conjunto de relações e como fenômenos (Herrmann, 2007, p. 23)*

Mais adiante, irei me deter brevemente sobre a ideia de campo nesses dois autores.

* * *

Voltando a Ferenczi, no artigo de 1909, ele argumenta – opondo-se a Freud – que elementos *reais* do médico fazem com que seja um bom suporte para o deslocamento desse complexo. Uma postura mais autoritária facilita a transferência paterna, e uma postura mais amorosa facilita a transferência materna.

Essa ideia, para mim, faz muito sentido: um objeto é bem talhado para ser suporte de certo tipo de transferência em função de um traço ou de um "jeito" que ele efetivamente tem e que remete o sujeito a características de seu objeto primário (ver na Parte II o que entendo por objeto primário). Como vimos anteriormente no conto de Beatriz Bracher, a combinação de uma resposta cuidadosa e acolhedora, na ausência de contato físico com o remetente do e-mail, é suficiente para convocar na personagem a criança-apaixonada pela figura parental.

Na segunda parte do livro *Seis situações clínicas comentadas*, uma paciente faz transferência e fica ligada a um ex-namorado justamente porque ele a deixava esperando por horas e sumiu sem dar explicação. O traço significativo, que o torna bem talhado para ser suporte dessa transferência, é o fato de abandoná-la.

Há exemplos mais comuns: um homem que se apaixona por uma mulher porque ela tem determinado tom de voz e escreve bem. Ele se apaixona pelos traços, elementos reais que o remetem ao seu objeto edipiano.

* * *

Nesse artigo, Ferenczi diferencia dois tipos de transferência, a dos neuróticos e a dos paranoicos, em que:

54   1909

- O *paranoico* projeta, no mundo, desejos e tendências penosas inconscientes. Acredita reconhecer fora de si, nos outros, o amor e o ódio que nega existir em si mesmo. Nisso, Ferenczi se opõe a Freud, para quem apenas os neuróticos faziam transferência. Percebe-se que ele antecipa o que, mais tarde, será descrito por Klein, em 1946, como posição esquizoparanoide;

- O *neurótico* está sempre buscando objetos de identificação, de transferência. Atrai tudo o que pode para sua esfera de interesse, introjetando objetos e fazendo deles objetos de fantasias conscientes ou inconscientes.

Assim, Ferenczi desenvolve a ideia de que a projeção paranoica e a introjeção neurótica fazem parte do desenvolvimento normal do ego. Também mostra como o bebê começa a perceber os objetos do mundo pela projeção da satisfação autoerótica (cuja projeção produz o amor pelo objeto) e perceber a si mesmo pela introjeção. Klein (1952) usará termos muito semelhantes em *As origens da transferência*, mas privilegiando a vertente do ódio, ao apresentar que o superego precoce se constitui pelo interjogo entre projeção do instinto de morte num objeto e introjeção do objeto mau assim constituído.

* * *

Ferenczi desenvolve o papel da transferência na hipnose e na sugestão. O hipnotizador consegue hipnotizar, pela intimidação ou pela ternura, os mesmos métodos que os pais usam na educação das crianças.

> *A possibilidade de ser hipnotizado ou sugestionado depende, portanto, da capacidade de transferência, ou seja, exprimindo-nos claramente, da capacidade*

do médium de adotar em relação ao hipnotizador,
uma posição sexual [infantil], ainda que inconsciente
(Ferenczi, 1909, p. 95).

Assim sendo, diz claramente que, em todo adulto, sobrevive a criança e seus complexos, prontos a serem acionados por quem souber despertar a transferência.

Hoje, a ideia de escutar a "criança-no-adulto" – *o infantil* – me parece ser a condição básica para se conseguir uma postura analítica. Uso bastante esse termo em meus seminários e supervisões para deixar claro que não estamos escutando apenas o adulto que está na nossa frente, mas também a criança-nele. É a única forma de entender demandas que não fazem sentido no senso comum. "O amor impiedoso de Jairo" (ver Parte II) é um bom exemplo disso. Ele pede demissão, a empresa paga o que lhe deve, mas ele move uma ação porque ela não quis "fazer um acordo de cavalheiros", dando-lhe também uma gratificação. O curioso – e é o que chama a atenção da analista – é que o paciente não estava agindo de má fé: ele realmente acreditava que a empresa seria "boazinha" com ele. Resolveu arrancar por mal o que, de seu ponto de vista, deveria ter sido dado por bem. Havia uma transferência do tipo amor impiedoso da criança-em-Jairo com a empresa, vista como um objeto a ser usado, e não um outro-sujeito com necessidades e desejos próprios.

Nos anos 1950, discutiu-se muito se a transferência era espontânea ou induzida pelo enquadre, caso em que o analista estaria na posição do hipnotizador. Essa é apenas metade da história, pois, como mostrou Ferenczi (1909), não seria possível analisar ninguém se o paciente não adotasse *ativamente* a posição complementar.

Por fim, nesse texto, Ferenczi traz vários casos clínicos que ilustram a transferência. Até então, só havia o Caso Dora (1905) e os *Estudos sobre a histeria* (Freud, 1895), ainda pré-psicanalíticos.

1909-1910

O termo contratransferência foi introduzido oficialmente por Freud em *As perspectivas futuras da terapia analítica*, texto de 1910. É entendida como resposta do analista aos estímulos que provêm do paciente, resultado da influência inconsciente do analisando sobre os sentimentos inconscientes do analista. Incidia sobre os pontos cegos do analista e podia se transformar em um obstáculo à análise. Por isso, em 1912, ele recomenda que os futuros analistas façam uma análise pessoal.

Antes, em 1909, em correspondência com Jung, Freud reconhece o fenômeno sem ainda nomeá-lo. Trago aqui um resumo da história a partir do texto *Lacan et le contre-transfer: le contre-coup du transfert*, de Patrick Guyomard (2011, p. 21 e segs). Para o original, remeto o leitor à correspondência Freud/Jung.

Numa carta de 7 de março, Jung se queixava dos efeitos imprevistos, embaraçosos e, em certo sentido, impossíveis de serem domados, da transferência amorosa de uma paciente, Sabina Spielrein. Esta fez um escândalo porque ele se recusava a fazer um filho com ela. Diante disso, foi obrigado a lhe "conceder amplamente sua amizade". Não sabemos em que termos ele a concedeu. Em 4 de junho, escreve que ela, que tinha planejado seduzi-lo, agora procurava vingar-se dele.

Freud lhe responde em 7 de junho num tom encorajador e de apoio, mas sem banalizar o assunto. Diz que ele mesmo já se deparou com situações parecidas e que escapou por pouco. E conclui dizendo:

> *Mas isso não prejudica em nada. Nossa pele fica calejada, dominamos a contratransferência na qual somos colocados o tempo todo [um problema permanente para nós] [...]. É uma bênção disfarçada.*

Diz a Jung que ele tem que assumir com coragem o que ele fez e também o que ele não fez. Não adianta ficar se penitenciando, são ossos do ofício, entrou na chuva, é para se molhar. Compara o trabalho do analista ao do químico: há reações imprevistas, explosões, erros de manipulação. Nada disso é motivo para desanimar.

> *Pequenas explosões de laboratório não poderão ser evitadas, em vista da natureza da matéria com a qual trabalhamos (Freud, 1909, apud Guyomart, 2011, p. 26).*

Enfim, Freud lhe deu uma supervisão. Na carta seguinte, o tom muda, Jung está menos perseguido, o nó transferência-contratransferência se desfaz. Ele escreve: "Eis que anteontem a senhorita Spielrein veio e conversou comigo de uma maneira muito adequada" (p. 26). Além disso, diz lamentar os "pecados" que cometeu (deixou-se envolver até certo ponto) e faz uma autocrítica: "atribuiu à paciente todos os desejos, sem ver a mesma coisa em si mesmo" (p. 26). Ou seja, ele reconhece que contribuiu para levar a situação transferencial a um impasse.

* * *

É assim que nasce a noção de contratransferência. Desde então, impõe-se ao analista uma tarefa: *reconhecê-la e dominá-la*. Os termos são de Freud (1909). Eis um aparente paradoxo: nos escritos técnicos, Freud diz que o analista precisa confiar em seu inconsciente e usá-lo como instrumento para captar o do paciente. E agora, as reações inconscientes do analista precisam ser reconhecidas (mas como, se são inconscientes?) e dominadas. Percebe-se a complexidade que ainda hoje envolve a questão da contratransferência.

Em 1915, Freud publica *Observações sobre o amor de transferência*, último texto em que menciona a contratransferência. O texto reúne, em forma de artigo, os desenvolvimentos da discussão epistolar com Jung. Portanto, é também um texto sobre a contratransferência. Segundo Freud, o problema não é a contratransferência em si, mas a possibilidade de não reconhecê-la, o que daria livre curso a seus efeitos inconscientes. Sendo que, segundo Guyomard (2011, p. 32), "reconhecê-la" tem dois sentidos: perceber em si os efeitos da transferência; e assumir a "paternidade", isto é, sua parte de "responsabilidade pela transferência", como diz Freud a Jung.

* * *

Ao comentar este texto de Guyomard, Aisenstein (2011) faz uma importante observação de ordem etimológica sobre o termo contratransferência. Em alemão, "contra" significa *oposição*, mas também *próximo*, como em "Eu me apoio contra a parede". Essa duplicidade está presente em francês e em português, mas não em inglês. Não fica claro em qual dos dois sentidos Freud usou o termo. Mas, diz ela, "o que foi denominado contratransferência seria uma cotransferência" (Aisenstein, 2011, p. 77).

Gosto da ideia de "se apoiar contra a parede", pois a imagem expressa ao mesmo tempo o contra da oposição e o contra da sustentação dada pela proximidade. Se não houvesse parede, eu não poderia me apoiar contra ela – se não houvesse contratransferência, a transferência não teria onde se apoiar e não poderia se desenvolver. É nesse sentido que entendo que o analista tem de "assumir a paternidade e a responsabilidade" pela transferência.

Estou enfatizando que o termo contratransferência tem um sentido bem mais complexo do que simplesmente reação emocional à transferência (no sentido de ação e reação). Guyomard (2011, p. 11) diz que o termo "indica que ela surge face à transferência, sob o golpe da transferência e como efeito dela". Ou seja, *responde* a ela no sentido de acompanhá-la e prolongá-la, como na contradança, mas também resiste e se opõe a ela.

* * *

Guyomard e Aisenstein são alguns dos muitos psicanalistas franceses para quem Neyraut (1974) é uma referência. Para marcar o fato de que a contratransferência precede a transferência, esse autor abre seu livro *A transferência* com um capítulo sobre a contratransferência. Argumenta que Freud reconheceu a transferência nos *Estudos sobre a histeria* porque, *contra*riamente às suas expectativas teórico-clínicas (note-se o prefixo *contra*), de vez em quando, a paciente interrompia o fluxo narrativo. A *contra*riedade diante do súbito silêncio já é da ordem da contratransferência.

Esse novo fenômeno, que ia *contra* a teoria vigente (à qual Freud estava identificado), exigia uma reformulação. Foi assim que, *des*identificando-se de sua teoria, saindo da posição contratransferencial de contrariedade, ele pôde escutar o súbito silêncio da paciente como sintoma (ressentimento, ciúme, medo de se apaixonar) e interpretá-lo como falso enlace (Donnet, 2005).

Imagine o leitor se, em vez disso, ele tivesse fincado pé na teoria e, diante de um fenômeno que não cabe nela, tivesse dito à paciente: "Se não quer falar, pode ir embora". O analista estaria removendo a parede, e o paciente, que se apoiava nela, cairia no chão.

Para Figueiredo (2003, p. 128), um tipo genérico de contratransferência, a "contratransferência primordial", está implícita no ato de aceitar um paciente em análise: a disponibilidade para funcionar como suporte da transferência – "um deixar-se colocar diante do sofrimento antes mesmo de se saber do que e de quem se trata". Naturalmente, essa contratransferência é diferente da que surgirá por solicitações específicas da transferência. Entretanto, a postura do analista é a mesma do começo ao fim, isto é, nos comprometemos a acolher e sustentar a transferência, seja ela qual for – e isso significa manejar/interpretar, em vez de responder no nível do senso comum ("Se não quer falar, pode ir embora").

* * *

Há transferências bizarras, difíceis de serem reconhecidas e sustentadas, como vimos com o amor impiedoso de Jairo (ver Parte II). Eu, por exemplo, já me vi colocada na posição de uma cadeira (tinha de estar à disposição para ser usada quando necessário), de uma casa (tinha de ser eterna como a casa de sua mãe, que funcionava como uma instituição), de um cão (eu me via tendo que ser uma presença silenciosa debaixo da mesa, basicamente não intrusiva) e de um seio a devorar (a paciente achava que eu era um saco sem fundo).

Nos casos em que o analista não reconhece e/ou resiste à transferência (se posiciona *contra a transferência*, em lugar de suportá-la) – por exemplo, quando o analista não se percebe no lugar de uma figura persecutória e "interpreta" com o objetivo de convencer o paciente a confiar nele – o processo analítico se interrompe, mesmo que o paciente não vá embora. Claro que, com a elaboração da contratransferência, ele é retomado.

* * *

Ferenczi (1924) foi o primeiro a reconhecer e nomear algumas das resistências do analista à transferência, como veremos adiante. Com a ruptura entre Freud e Ferenczi, o psiquismo do analista virou um tema tabu durante muitos anos, mas no fim dos anos 1940 e início dos anos 1950, houve uma sucessão de textos sobre a contratransferência:

- 1948 – Racker apresenta, numa reunião científica em Buenos Aires, *A neurose de contratransferência*;

- 1949 – Winnicott publica "O ódio na contratransferência";

- 1950 – Paula Heiman publica *Sobre a contratransferência*;

- 1951 – Racker publica Observações sobre a contratransferência como instrumento técnico;

- 1953 – Racker publica Os significados e usos da contratransferência.

Embora o texto de Heiman seja mais conhecido, Racker desenvolveu o tema com maior amplitude e profundidade, tornando-se um clássico. No fim da vida, com a publicação em inglês, seus trabalhos se tornaram conhecidos fora da Argentina. Veremos em "1948-1953" sua contribuição ao tema.

1914

É tempo de voltar para a história da transferência e ao momento em que ela se torna o eixo do trabalho analítico.

Em 1912, Freud escreve *A dinâmica da transferência*, em que explora a relação entre transferência e resistência e desdobra a transferência em positiva e negativa. Essa última é vista, nas palavras de Freud, como um *imenso inconveniente metodológico*. Ele percebe que é difícil interpretar a transferência negativa porque ela se deposita sobre o próprio instrumento do analista: a interpretação (Donnet, 2005, p. 118 e segs). Em outros termos, ela *se deposita sobre a situação analítica como um todo.*

É o que o levará, em *Recordar, repetir e elaborar* (Freud, 1914) a falar em "neurose de transferência". Assim, já não são transferências positivas ou negativas que se depositam sobre o analista, mas um *modo de ser* – a própria neurose – que se reproduz na análise. Isso está implícito quando Freud diz que o que se repete é

> *tudo o que, das fontes do reprimido, já se impôs em seu ser manifesto: suas inibições e atitudes inviáveis,*

seus traços patológicos de caráter (Freud, 1914, p. 202, grifos meus).

A partir de *Psicologia das massas e análise do ego* (Freud, 1921), "*tudo*" ganhará um sentido mais preciso: o que se repete são *identificações inconscientes* que determinam nossa maneira de sentir, pensar e agir. Considero essa ideia fundamental, pois a transferência convoca o analista a agir a identificação complementar, aquela que tem a ver com o inconsciente parental, e que funcionou como um "molde" para a identificação que está sendo agida pelo paciente. Essa ideia ficará mais clara na Parte II, inteiramente dedicada à clínica.

Em *Recordar, repetir e elaborar* (Freud, 1914), a recordação é sempre o objetivo da análise, mas há várias formas de recordação. Uma delas é a repetição, que é uma recordação que não ocorre no âmbito psíquico, mas em forma de ato. O termo usado por Freud (1914) para descrever isso é *agieren*. Nesse texto, ele reconhece que a neurose de transferência não é um inconveniente metodológico, mas uma *necessidade processual*:

> *Substituímos sua neurose ordinária por uma neurose de transferência, da qual ele pode ser curado pelo trabalho terapêutico (Freud, 1914, p. 206).*

Donnet (2005, p. 121) sintetiza, em seus termos, a novidade de 1914: "a situação analítica está encarregada de assegurar, simultaneamente, a produção e a interpretabilidade da transferência". Porém, mesmo sendo uma necessidade processual, há sempre o risco de que a transferência "engula o analista" e inviabilize a interpretação. Por isso, segundo Donnet (2005), Freud sempre se mostrou ambivalente com relação ao *agieren* e preferia "manter no âmbito psíquico todos os impulsos que o paciente gostaria de dirigir para o âmbito motor".

A grande diferença entre o estilo francês e inglês de interpretar seria um sintoma dessa ambivalência. De forma esquemática, como aprendemos com Donnet (2005): os franceses só interpretam a transferência quando ela se transformou em resistência, enquanto os ingleses interpretam sistematicamente de forma preventiva. No fundo, os franceses apostam que a repetição está a serviço do princípio do prazer; enquanto os ingleses apostam que ela tem a ver com o além do princípio do prazer – e que o desenvolvimento incontrolado da transferência psicótica inviabilizará a análise.

Talvez faltasse, até certo momento da história da psicanálise, uma noção mais clara da psicopatologia psicanalítica e das várias formas de transferência a ela relacionadas. Ao fim de "1948-1953", sintetizo as características do campo transferencial-contratransferencial neurótico e não neurótico.

* * *

Ao contrário de Freud, Donnet não vê oposição entre recordar e repetir, isto é, entre falar e *agieren*. Só haveria realmente oposição em duas situações extremas, nas quais o paciente não está num divã: o *acting out* (atuação, passagem ao ato) e a hipnose. No primeiro, a atuação não é um *agieren* porque sua intenção inconsciente é se subtrair totalmente a qualquer possibilidade de elaboração; no segundo, há uma pura rememoração, sem resistência e sem qualquer dimensão de *agieren*.

A análise se dá no espaço *entre* o falar e o agir. Em lugar de oposição, ele pensa em termos de *gradiente*: a fala do paciente em análise oscila entre um valor mais representacional e outro mais "agido". Por isso, o mais importante é acompanhar a *transformação*,

66   1914

no sentido que Bion dá ao termo, de uma fala mais agida em outra mais representacional.

A simbolização se apoia sobre o agir, basta lembrar o jogo do carretel: sem atirar o carretel e recolher a linha, o processo de simbolização da ausência (da mãe) não teria como acontecer. A simbolização precisa do suporte do ato; o *agieren* é uma necessidade processual. Para Donnet (2005), se Freud dá preferência à recordação, é por medo de que o *agieren* fosse tomado como um valor em si mesmo e a psicanálise voltasse à ab-reação e à catarse. Daí a importância do último termo do título: elaborar. Não basta repetir, não basta haver descarga emocional, é preciso *elaborar a repetição*.

* * *

O *agieren* é uma fala agida, pois "o analisando não recorda absolutamente o que foi esquecido e reprimido, mas sim o atua" (Freud, 1914, p. 199). Nos exemplos que oferece,

> o agieren *não é descrito como uma tempestade passional, uma crise transferencial que evoca uma descarga motora de uma tensão; trata-se de condutas complexas que se inserem no decorrer da sessão, através da fala, e vão até englobar a produção de sonhos ou associações confusas (Donnet, 2005, p. 44).*

Mais adiante, Donnet dirá que tais condutas são atos de palavra e têm a ver com a colocação em ato – com a atualização – de identificações.

Porém, mesmo quando há uma tempestade passional e o "teatro está pegando fogo" (Freud, 1915), o mais importante no manejo da transferência (erótica ou hostil) é não resolver a ambiguidade atual/infantil. O grande desafio é manter a representação em curso, incorporando o incêndio como parte do processo. Se o paciente está se sentindo perseguido, não adianta dizer que é "apenas transferência": ele escutará um perseguidor negando que é um perseguidor, o que o torna ainda mais perigoso.

* * *

Comentando *Recordar, repetir e elaborar*, Roussillon (1995, p. 141-142) mostra as várias modalidades de neurose de transferência implícitas nos exemplos de *agieren* e se pergunta se elas cabem no mesmo conceito:

- A primeira modalidade é a clássica *deslocamento de afeto* de um personagem do passado sobre a figura do médico. A transferência homossexual e as resistências ligadas a ela fazem com que o paciente não obedeça à regra fundamental e fique mudo. Nela, o analista foi colocado no lugar do pai;

- Há também uma *transferência de função*, em que há, por exemplo, a autoridade, que foi originalmente encarnada pelo pai, mas que pode ser encarnada por uma série de personagens que se prestam a isso;

- A transferência pode se dar *sobre o tratamento* como um todo. É o caso da paciente que tem vergonha de estar em análise: "Ela não se lembra de ter sentido vergonha de sua atividade sexual infantil, mas mostra que tem vergonha do tratamento e deseja mantê-lo secreto" (Roussillon, 1995).

- A transferência não se dá apenas sobre a figura do médico, mas pode se dar, *lateralmente*, sobre outras relações atuais – Freud diz que o paciente esvazia a transferência falando da análise a um amigo íntimo;

- A transferência é uma forma de reminiscência, uma recordação em ato de uma *situação passada* recalcada, em que o passado toma corpo no presente; é repetição de uma *situação histórica global* – o que inclui tanto os complexos pulsionais como o *contexto de sua emergência*.

* * *

Afinal, o que se repete na situação analítica? Freud dá a essa questão respostas diferentes ao longo de sua obra.

O conceito de neurose de transferência foi formulado em 1914. Estamos na primeira tópica e na primeira teoria das pulsões (pulsões sexuais e de autoconservação). O *agieren* tem a ver com o recalque do desejo sexual infantil e com o retorno do recalcado – das moções sufocadas que procuram expressão nos sintomas – e também está em vigência o princípio do prazer. Isso é o que denominamos transferência neurótica. Abaixo, o leitor encontrará duas situações clínicas ilustrativas: os casos 1 e 2.

Com *Além do princípio do prazer* (Freud, 1920), entrarão em cena conceitos que permitirão ampliar a clínica para além da neurose. São eles: compulsão à repetição, trauma e identificação. Sendo assim:

- Com a segunda teoria das pulsões (pulsões de vida e de morte), Freud verá a transferência – um novo tipo de transferência – como principal exemplo e manifestação da *compulsão à repetição do traumático*. A pulsão de morte seria o próprio pulsional não ligado; o sujeito repete em busca de ligação;

- Com a segunda tópica (id, ego, superego), surgirá a ideia de transferência como atualização de identificações inconscientes constituídas nas relações com o objeto primário.

* * *

Vejamos agora duas situações clínicas que ilustram o *agieren* e a transferência neurótica (Donnet, 2005).

Caso 1

A sessão termina às 20 horas. Pressentindo que já estava na hora, Donnet (que está em análise com Serge Viderman) se cala. No silêncio, ele escuta as oito badaladas de uma igreja próxima. O analista não encerra a sessão. Donnet se angustia e exclama: "Mas eu não quero que você me dê mais do que o meu tempo!". O paciente está, ao mesmo tempo, surpreso e aliviado pelo que acaba de dizer. Então, o analista encerra a sessão. Esse é o material.

Embora a sessão tenha terminado há apenas meio minuto, o analista ainda não a encerrou. Esses trinta segundos, essa "transgressão" do enquadre, são o traço *atual* que torna essa situação propícia para a transferência do *infantil* – mais especificamente, o desejo edipiano em sua dimensão de transgressão. O pavor/desejo da transgressão é tanto que, durante esse tempo, o paciente sente angústia. Angústia de quê? De estarem muito próximos da realização do incesto, pois a gente sabe como começa (com os trinta segundos), mas não sabe como termina...

Em outros termos, essa cena tem uma dimensão enigmática, pois, num primeiro momento, não entendemos o que deixou o paciente tão angustiado. Porém, logo se entende que a angústia tem a ver com uma fantasia inconsciente que, nesse momento, é vivida como realização alucinatória do desejo infantil. O paciente está "vendo" seu analista transgredir o enquadre e lhe propor uma situação incestuosa (passar a noite com ele, por exemplo). A transferência atualiza uma fantasia de sedução pelo adulto. A criança se

70   1914

vê tendo que defender o enquadre e se defender do "adulto incestuoso". É isso que o leva a exclamar "Mas eu não quero que você..."
– um *agieren*.

* * *

Por que isso é um *agieren* (uma fala em ato)? Porque lhe falta a dimensão de recordação, que teria a qualidade de uma representação
no "âmbito psíquico" (Freud, 1914, p. 204). No *agieren*, "O analisando não recorda absolutamente o que foi esquecido e reprimido,
mas sim o atua" (Freud, 1914, p. 199). Mais adiante, veremos que,
nesse caso, não poderia haver rememoração sem passar pelo agir.
O agir é um tempo necessário à elaboração, que precisa de um suporte concreto. Em outras palavras, o jogo precisa de um tabuleiro
para acontecer.

Mas essa fala é um *agieren* porque o paciente não disse: "Estou
angustiado com a ideia de que você não vá encerrar a sessão" ou
"Acabo de ter a fantasia de que você não quer que eu vá embora". *É
um agieren porque é uma fala que age sobre o outro, convocando-o
a agir também.* Ou seja, o analista deveria ter encerrado a sessão
imediatamente.

Por meio do *agieren*, o paciente *diz-faz* a experiência de con-
fundir o analista com a figura parental sedutora que gostaria de
"me prender ali". Não seria possível elaborar nem aceder a essa fantasia sem passar pelo outro, pelo analista como parceiro de jogo,
que aceita encarnar provisoriamente o que lhe é transferido; e também se não houvesse o *enquadre* (a sessão que termina às 20 horas)
como suporte da transferência.

* * *

O analista tentará atravessar a barreira do recalque tomando em
consideração a fantasia que está emergindo por meio do *agieren*
"Mas eu não quero....". Ele poderá perguntar: "O que te faz pensar

que vou te dar mais do que o seu tempo?" Dessa forma, ele cria condições verbais para analisar a fantasia. Idealmente, o paciente perceberia que a demanda de amor (denegado) é dele, ou melhor, da criança-nele, e não do analista. E que a angústia se justifica pela fantasia de que o desejo infantil proibido seria realizado pelo analista. Com isso, o *agieren* vai sendo simbolizado, passando de uma dimensão mais agida para outra mais representada.

É importante notar que, se o analista tivesse medo de ser a figura sedutora ("Eu não sou sedutor de maneira alguma!") ou se se identificasse demais com o paciente ("Eu também tenho pavor de ser seduzido!"), ele se levantaria apressadamente. Seria uma contra-atuação que confirmaria a fantasia inconsciente do paciente, fechando a possibilidade de sua elaboração.

E o que é característico do *agieren*? *É ser um retorno do recalcado*. A interpretação deve ligar a angústia que motivou a fala-agida (o analista não encerra a sessão) e a representação recalcada de uma demanda de amor. O recalque transforma "Eu quero ficar aqui para sempre" em "Ele não quer me deixar sair daqui". O *agieren* é diferente de uma fala com valor puramente simbólico porque há a transferência sobre a fala de uma parte da potência alucinatória da fantasia inconsciente. Ele "vê" o analista querendo que ele fique mais.

Segundo Donnet (2005), é importante perceber que o *agieren*, a repetição, não pode ser considerado como estando em oposição à rememoração (em que, de acordo com Freud (1914), "o paciente repete em lugar de recordar"). Assim, não há propriamente um curto circuito da elaboração psíquica; ao contrário, o ato serve de suporte para o trabalho psíquico – é um momento necessário no processo de elaboração. O paciente não poderia, ao mesmo tempo, colocar em ato e se recordar.

Caso 2

Pierre contara várias vezes, durante a análise, uma cena em família. No meio de alguma tarefa doméstica, dirigindo-se aos filhos, mas também a ninguém em particular, a mãe exclamava o seguinte: "Se não fossem vocês, eu teria sido escritora!". A significação confusamente traumática dessa mensagem acusatória e persecutória havia sido elaborada, porém incompletamente. A criança percebe que está sendo acusada de alguma coisa, mas não consegue entender de quê.

Anos mais tarde, o paciente vai precisar faltar a várias sessões porque tem de viajar a trabalho. Ele se pergunta em voz alta o que seu analista vai fazer durante o tempo livre das suas sessões. Olhando em volta, vê a mesa de trabalho do analista cheia de papéis e de livros e diz: "Você vai escrever!". Não há angústia ou conflito; parece mais uma oferenda.

"Como sua mãe?", interpreta o analista à queima-roupa. A interpretação liga presente e passado na hora certa. Seu efeito emocional é intenso. O paciente acede a identificações condensadas na cena de infância.

A fala do paciente "Você vai escrever!" é um *agieren* porque lhe escapa quase como um ato falho, um dito espirituoso que resolve a tensão nascida entre a expressão da fantasia inconsciente e a resistência. A fantasia, nascida de seu próprio desejo infantil, é ser aquele – e não o pai – quem pode oferecer à mãe o que ela mais deseja: tempo e sossego para escrever. Ele "faz par" com o analista oferecendo-lhe o tempo das sessões a que faltará.

O "tempo livre" é o traço *atual* que o remete ao desejo *infantil*, ao mesmo tempo que serve de suporte para a transferência da situação enigmática ("É por sua causa que eu não realizo meu desejo de ser escritora"). O passado se atualiza por meio do *agieren* ("Você vai aproveitar minha ausência para escrever").

A interpretação ("Como sua mãe?") abre caminho para ele poder representar a fantasia, que também é um modo de vida sintomático, pois o paciente se satisfaz e sofre saindo de cena e deixando o caminho livre para satisfazer o outro.

* * *

Esses dois exemplos de *agieren* mostram que a transferência neurótica evolui entre o *traço atual*, que entra em ressonância, com o *infantil recalcado*. Mostram também que o infantil continua *produtivo* – é ele que produz uma angústia que o senso comum não saberia dizer de onde vem (que exagero, ficar angustiado só porque a sessão durou 30 segundos a mais!). Por fim, podem ser entendidos como atualização transferencial de uma identificação histérica: em ambos os casos, a criança conseguiu interpretar qual seria o desejo da figura materna e desejou ser aquele que pode realizá-lo. Como se vê, são representações ligadas ao Édipo. Em sua versão transferencial, no primeiro caso, o suposto desejo do analista é mantê-lo em sessão; no segundo, é escrever em vez de atendê-lo.

Nos casos 3 e 4, que serão apresentados em "1921", as identificações que se atualizam na transferência estão ligadas ao narcisismo. Ou seja, o modo de sua apresentação é totalmente diferente – no lugar do *agieren*, há a compulsão à repetição.

1920

Vimos que, a partir de *Recordar, repetir e elaborar* (Freud, 1914), a transferência se torna o eixo do trabalho analítico. Nesse momento, ainda na primeira tópica, a repetição tem a ver com o recalque do desejo sexual infantil e com o retorno do recalcado. Entretanto, em 1920, com *Além do Princípio do Prazer*, Freud reconhece formas clínicas – o masoquismo e a reação terapêutica negativa – nas quais a repetição envolve situações dolorosas. Para falar da transferência, ele não usa mais o termo *agieren*, e, sim, compulsão à repetição. A diferença é conceitual e clínica:

- O *agieren* coloca em ato o desejo recalcado, fazendo pressão para que o analista responda a uma demanda de amor. É a transferência neurótica;

- A compulsão à repetição remete ao *trauma* – experiência emocional dolorosa que excede a capacidade de ligação, isto é, a possibilidade de fazer sentido da experiência e integrá-la na vida psíquica. Na clínica da pulsão de morte, a demanda é outra: a experiência de dor precisa ser ligada, representada, simbolizada, para deixar de ser repetida cegamente. É a transferência não neurótica que tem a ver com os distúrbios narcísico-identitários.

* * *

Gosto muito da maneira pela qual Roussillon (1999a) distingue dois tipos de trauma: o primário e o secundário. Por enquanto, quero dar uma ideia do que ele entende por trauma primário porque é uma noção que nos dá elementos importantes para reconhecer e trabalhar a transferência nos distúrbios narcísico-identitários.

O trauma é primário quando impede a primeira forma de simbolização da experiência, a simbolização primária. No Capítulo 14, "*Symbolization primaire et identité*", Roussillon (1999a) explica a distinção entre simbolização primária e secundária a partir da diferença entre sonho-sonhado e sonho-narrado. A imagem é de Freud, que pede ao paciente que se deite e, como um passageiro de um trem, conte-lhe tudo o que está vendo pela janela, transformando as imagens em palavras.

O sonho-sonhado, isto é, as imagens do sonho, já é uma primeira forma de simbolização da experiência: percepções e sensações brutas ligadas a ela puderam ser transformadas em imagens – em *representações-coisa*. A simbolização primária é o processo que dá uma primeira forma psíquica àquilo que foi percebido. Quando o paciente associa e traz imagens é porque já houve transformação da matéria pré-psíquica em psíquica.

Entretanto, diz Roussillon, e se ele não estiver vendo imagem alguma? E se ele vê alguma coisa, mas não consegue identificar o que vê? Há uma falha na representação da experiência. Essa falha é a consequência do trauma – esse de que Freud fala em 1920 – e que Roussillon chama de trauma primário.

* * *

Geralmente, o trauma não é um grande evento catastrófico, mas a repetição cotidiana da experiência de agonia, quase sempre invisível a olho nu. Seu efeito é, a cada vez, a experiência dolorosa de interrupção da continuidade do ser. O próprio objeto primário, que deveria ajudar a fazer sentido, é tóxico e traumatizante. Na falta de representação-coisa, a experiência permanece clivada. Segundo Roussillon (1999), a clivagem é o mecanismo comum a todos os tipos de sofrimento narcísico-identitário. A subjetividade fica clivada entre uma parte capaz de representar a experiência e outra parte incapaz disso.

Assim como Freud fala em retorno do recalcado na transferência neurótica, Roussillon – usando o que interpreto como "licença metapsicológica" – fala em *retorno do clivado* na transferência dos distúrbios narcísico-identitários. A "licença" é necessária, pois o clivado é justamente o que nunca chegou a ser psíquico e, nesse sentido, não tem de onde retornar.

O que Roussillon chama de "retorno do clivado" não se dá por meio de representações e, sim, de elementos perceptivo-sensório-motores – a mesma matéria bruta dos traços mnêmicos do trauma. O caso Rafael apresentado por Dispaux (ver "2002-2007" e "Não tentar salvar Juliana") é um bom exemplo disso.

A simbolização primária é, pois, uma primeira forma de apropriação subjetiva da experiência, antes mesmo da apropriação pela linguagem.

> *O aparelho de linguagem não trabalha a partir da experiência bruta, da coisa, mas a partir de uma forma já transformada em representação, em representação de coisa (Roussillon, 1999a, p. 217).*

O percebido, isto é, a coisa em si, não tem inscrição psíquica a menos que tenha sido transformado numa primeira forma de matéria psíquica.

Quando ainda não há representação-coisa para ser transformada em representação-palavra, a interpretação clássica roda em falso. Antes de poder interpretar, o analista terá de ajudar o paciente a fazer o trabalho de simbolização primária do que foi clivado. Em alguns casos, será necessário usar imagens que surgem na contratransferência. Muitas vezes, o analista trabalhará fazendo *construções* (Freud, 1937).

A situação é diferente quando um paciente conta um sonho – ou traz qualquer material com características oníricas. O trabalho a ser feito já é o de simbolização secundária. Parte-se de algo que já tem uma primeira forma psíquica, a simbolização primária, em busca de uma segunda forma de simbolização – essa poderá surgir a partir da interpretação clássica, que permitirá que a representação-coisa aceda à palavra.

* * *

Segundo Roussillon (1999a), o processo de simbolização é um *continuum* no qual podemos identificar, do ponto de vista teórico, três tempos:

- Inscrição de um primeiro traço, o da coisa percebida, que é um amálgama de elementos brutos e matéria-prima do que virá a ser "psiquicizado". Podem ser sensoriais, motores, auditivos ou afetivos;

- Inscrição de um segundo traço: a inscrição propriamente psíquica na forma de representação da coisa percebida;

- Representação verbal do segundo traço.

O trauma primário impede a passagem do primeiro para o segundo tempo. O material bruto será submetido ao regime da compulsão à repetição – que também poderia ser chamada de compulsão a simbolizar – e está além do princípio do prazer. Na repetição, há um "retorno do clivado", que é reativado e vivido como agonia atual e real. O psiquismo mobiliza então defesas secundárias, originando a grande variedade de manifestações sintomáticas dos distúrbios narcísico-identitários.

Nesses casos, o paciente vem fazer o analista *sentir*, mais do que *escutar*, algo de si que ele não pode perceber. Ele precisa que o analista seja o "espelho em negativo de si", refletindo o que ele não conseguiu sentir, ver e compreender de si mesmo. Ele vai fazer o analista viver o que ele mesmo não pôde viver de sua história. No distúrbio narcísico-identitário, o campo transferencial-contratransferencial será dominado, mais do que ao conflito, por questões ligadas ao negativo e ao não constituído.

1921

Freud (1921), em *Psicologia das massas e análise do eu*, estuda três situações: o enamoramento, a hipnose e a relação com o líder. Cita Ferenczi que, em 1909, mostrou a relação entre hipnose e transferência com a figura materna e paterna. Todavia, Freud, aqui, introduz uma ideia nova, a transferência de instâncias psíquicas, em que:

- Na paixão amorosa, o objeto é visto como perfeito. Se ele tem todas as qualidades a ponto de se tornar tão fascinante é porque está sendo idealizado. Conclui que a idealização resulta da transferência de uma instância, o ideal do eu, sobre um objeto;

- A distância que separa a paixão amorosa da hipnose não é muito grande. Encontramos a mesma submissão humilde, obediência, falta de crítica e de iniciativa. O hipnotizador também ocupou o lugar do ideal do eu;

- Por fim, Freud analisa o comportamento do indivíduo em relação ao líder das massas. Se ele põe o líder na posição de autoridade máxima e assume a atitude de criança submissa e obediente é porque há uma transferência do superego, representante interno da autoridade paterna.

Esse é mais um passo decisivo na história do conceito de transferência. Como as instâncias são formadas pelas identificações com o objeto perdido, a transferência na situação analítica passa a ser vista como a colocação em ato – como atualização – de identificações.

* * *

Donnet (2005) tem uma contribuição importante a esse tema:

> *Como dar conta do que permite ao Eu, em pleno desconhecimento, por em ato o passado de uma maneira tão fiel e complexa que não seria possível reduzi-la a traços de caráter? A resposta mais direta é fazer referência às identificações inconscientes constitutivas de sua estrutura, enquanto traços das relações com os objetos significativos do passado (Donnet, 2005, p. 50).*

Por isso, diz ele, a transferência tem sempre um quê de sinistro – *Unheimelich* (Freud, 1919).

A transferência terá um colorido neurótico ou psicótico dependendo do tipo de identificação que está sendo agida no momento:

- Transferência neurótica – A colocação em ato de identificações histéricas diz respeito ao desejo infantil e não borra a percepção da realidade. No capítulo anterior, vimos o exemplo de Pierre, que vai se ausentar por motivo de viagem e acredita que o analista aproveitará para escrever. Quando o analista interpreta "Como sua mãe?", o paciente pode fazer imediatamente a disjunção entre presente-passado, ou seja, entre a figura do analista e a figura materna. (Ver os casos 1 e 2 de "1914");

- Transferência psicótica (de um núcleo psicótico) – A colocação em ato de identificações narcísicas borra a percepção da realidade porque o que se repete são os próprios "*modos de pensar infantis* que pareciam superados" (Donnet, 2005, p. 51). A transferência não é, como na situação anterior, de representações ou de conteúdos psíquicos; é uma maneira onipotente de ler a realidade e de reagir a essa leitura. O "modo de pensar" diz respeito ao arcaico, isto é, à própria base do psiquismo. O caso de Francine (ver abaixo) mostra como, em certo momento da análise, a paciente está convencida de que a analista não se importa com ela, e tudo o que ela diz é ouvido a partir desse prisma, levando a um impasse (ver os casos 3 e 4 neste capítulo).

A ideia de que transferência é colocação em ato de identificações tem consequências clínicas fundamentais. Quando o paciente fala, é preciso reconhecer "quem" nele está falando, isto é, que identificação; e também com "quem" está falando, isto é, qual é a posição identificatória complementar que está sendo atribuída ao analista.

No caso 4, quem fala pela boca de Francine é a identificação à figura materna, cabendo ao analista identificar-se com a criança-nela. Na transferência de colorido psicótico, a comunicação mais importante se dá no nível não verbal (pulsional) da fala, mesmo quando o conteúdo é, em si mesmo, significativo.

* * *

Apresento agora dois casos relatados em 2002 por Jacqueline e Maurice Haber e discutidos por Donnet (2005, p. 53 e segs). Em ambos, podemos identificar as características psicóticas do campo transferencial-contratransferencial.

Caso 3

O paciente obtém pequenas gratificações de seu analista (uma informação sobre o ônibus, uma caixa de fósforos para acender seu cigarro). Este consente em concedê-las porque percebe que, nesse momento, isso é necessário. Não seria adequado manter sua reserva habitual nem interpretar nada por enquanto. Ele permite que a dinâmica do processo se desenvolva para que o movimento transferencial fique mais claro.

Mas, ao mesmo tempo, procura trabalhar a contratransferência que o seu contra-agir lhe suscita. A cumplicidade consentida com o paciente fere seu ideal analítico; ele percebe certo sentimento de vergonha e culpa. O narcisismo do analista sofre. Ativa-se um leve conflito entre o seu apego ao paciente e ao método analítico.

Esse conflito encaminhará o analista a perceber que ele está no lugar da figura materna, e que os pequenos favores que o paciente pede têm um caráter incestual (no francês, *incestuelle* – uma atuação que não chega a ser literalmente incestuosa, mas "passa do ponto"). Desse processo, surgirá a oportunidade de uma intervenção elaborativa.

A transferência do vínculo regressivo com a figura materna se deposita sobre o enquadre. Esse analista aceita ser levado, isto é, regredir junto com o paciente. Mas ele não é completamente arrastado pela transferência: uma parte dele sabe que se trata de uma transgressão, ainda que mínima.

O conflito não é sinal de rigidez, mas de que há um superego suficientemente constituído e internalizado – e que é o ponto de partida para a elaboração da contratransferência e para poder interpretar o agir do paciente. Se a contratransferência não acusasse minimamente algum conflito, estaríamos diante de um caso mais grave. A transferência seria mais psicótica. A capacidade de arrastar o analista seria bem maior e ele poderia continuar atuando indefinidamente, na pura repetição.

O contra-agir do analista mostra que ele ocupou, "sem querer, querendo", temporariamente, a posição identificatória complementar à do paciente, e foi isso que lhe permitiu reconhecer a identificação que estava sendo agida na transferência. Ou seja, a elaboração da situação passa necessariamente pelo agir do analista.

Esse caso é exemplar de como só os momentos críticos da contratransferência podem desenhar a transferência. O leitor encontrará na Parte II seis situações clínicas comentadas nessa linha.

Caso 4

Diferentemente do caso anterior, aqui, o agir se dá no centro do processo e arrasta o ego do analista até a análise chegar a um impasse.

A análise de Francine ia muito bem. De repente, começa a se queixar de dores nas costas e de não ter com quem deixar os filhos, pedindo para passar de quatro para três sessões semanais. A analista não acha que é o momento de mexer no enquadre. Tenta interpretar o pedido como reação ao progresso profissional recente e que envolvia a conquista de alguma autonomia com relação à figura materna. Mas a paciente não escuta e continua no registro concreto. Acusa a analista de ser insensível e de não entendê-la. Ela vai ficando cada vez mais ressentida e queixosa até a análise chegar num impasse.

A saída acaba se dando por meio de um contra-agir da analista, que parece ter funcionado como uma interpretação selvagem. Naquela semana, a analista precisava de um tempo para ir ao médico e escolhe cancelar uma tarde em que a paciente tinha uma de suas sessões. A paciente fica revoltada, o que lhe permite perceber como valoriza suas quatro sessões.

A análise retoma o seu curso quando o conflito volta a ser da paciente, e não contra a analista – e quando ela volta a associar. As associações vão levar à lembrança de que sua mãe atormentava o marido e os filhos com queixas constantes sobre como era pesada sua tarefa de mãe e dona de casa, que essas tarefas lhe davam dor nas costas etc.

A repetição transferencial colocou em cena as seguintes identificações:

- De um lado, a criança-em-Francine, que se opõe teimosamente à figura materna, precisando ser do contra para se afirmar. A analista foi identificada de forma complementar à figura materna, insensível e inflexível, que tenta submetê-la;

- De outro, Francine está identificada a uma figura materna que atormenta tiranicamente a família com suas queixas, e a analista está identificada de forma complementar com a criança-atormentada. A mãe "fala pela boca" de Francine. Essa cena remete ao trauma precoce. Para simbolizar a experiência que está clivada, a analista tem de viver em si a identificação "criança-atormentada".

* * *

O pedido para diminuir uma sessão não é, realmente, porque ela precisa diminuir uma sessão. Se a questão fosse mesmo a dor nas costas, diminuir para três sessões também não resolveria o problema. Além disso, a analista não sentia que havia o risco da paciente atuar, simplesmente deixando de vir a uma de suas sessões. Mas percebia também que a paciente não tinha possibilidade de associar para tentar entender o que se expressava por esse pedido. Diferentemente dos casos 1 e 2, em que é o inconsciente recalcado que se atualiza, aqui, é o inconsciente pulsional que se atualiza desse jeito estranho: um pedido que não faz muito sentido, que é repetido sem que surjam associações e que faz com que a paciente fique cada vez mais ressentida com a analista e vice-versa. As duas sofrem. O que está sendo atualizado? A "atormentação" da analista. E para que a paciente precisa atormentar a analista? Para que ela possa sentir em si e dar algum sentido ao tormento que a criança-na-paciente viveu, porém sem ter conseguido representar a experiência. Esse é o campo transferencial-contratransferencial com características psicóticas: não há representação daquilo que está sendo atualizado. Ela precisa ser construída a partir da contratransferência.

Como se vê, o agir da compulsão à repetição é um movimento necessário à análise de um núcleo psicótico. Afinal, os aspectos não simbolizados desse núcleo precisam se atualizar de algum jeito. E precisam de um suporte para isso. O enquadre – o número de sessões – estava sendo usado para essa finalidade. Era tudo isso, esse conjunto, essa *situação total* – como dirá Klein em 1952 – que a analista precisava escutar. O exemplo é bom porque mostra como é difícil simbolizar o que está sendo repetido na transferência psicótica. A analista tem de tentar imaginar qual é o seu papel na cena.

O agir do paciente suscita um agir como resposta – a analista também atua quando desmarca uma sessão de Francine. Mas não é isso o mais importante e, sim, o fato de que qualquer coisa que o analista diga ou faça é recebido pelo paciente como um contra-agir – o que caracteriza a identificação projetiva patológica. O analista é engolido pela transferência. A qualidade da comunicação mudou: no gradiente entre fala e ato, estamos muito mais do lado do ato. Tanto que a interpretação clássica não funciona mais. A analista vai se sentindo impotente e irritada; seu narcisismo sofre, o que a leva a atuar.

Mas também não adiantaria interpretar diretamente a transferência com, por exemplo: "Você precisa saber se eu prefiro você ou a psicanálise". Nem ficar em silêncio, pois o processo associativo está bloqueado. Adiantaria tentar um manejo que Donnet (2005) chama de exercício de *diplomacia psicanalítica*. A analista poderia retomar a situação criada e reconhecer os movimentos que levaram ao impasse. Geralmente, isso relança o processo de associação livre, dando ao analista os elementos para transformar a repetição em rememoração.

1924

Passo agora ao texto de Ferenczi *Perspectivas da Psicanálise* (1924), em que o autor faz novas contribuições ao primeiro período da história do conceito de transferência. Ele tinha mais interesse pela técnica e pela clínica do que pela teoria. Suas contribuições iam nessa linha:

- Assim que entendeu que o eixo do processo passava pela repetição transferencial, tratou de escrever sobre as consequências *terapêuticas* disso;

- Inovou também ao abordar as resistências do analista na contratransferência em função de suas questões narcísicas;

- Por fim, inovou ao relacionar a transferência a condições traumáticas precoces ocorridas antes do complexo de Édipo.

* * *

Ferenczi começa o artigo com uma revisão histórica sobre a técnica analítica para mostrar que certa maneira de trabalhar já não faz sentido à luz da descoberta da transferência. Critica a clínica rígida e estereotipada dos analistas de sua época, que tomavam os escritos técnicos de Freud como uma bíblia. Sustenta que os avanços na teoria têm consequências clínicas e exigem mudanças na técnica.

Entendendo, com Freud, que a repetição é o verdadeiro material inconsciente – mais importante do que a rememoração, que continuava sendo a prioridade de Freud e dos analistas da época – começou a usar uma *técnica ativa* para favorecer a repetição. Argumenta que, quando não permitimos a repetição na análise, ela vai acontecer fora dela, e que "tudo o que não afeta o paciente diretamente no presente permanecerá sem efeito psíquico" (Ferenczi, 1924). Ele insistiu no fato de que não é o esclarecimento intelectual que produz mudança psíquica e, sim, a possibilidade desse esclarecimento incidir diretamente sobre a experiência emocional atual.

Ferenczi foi o primeiro analista a pensar a transferência como situação total, termo que foi consagrado por Klein em 1952. Ele toma em consideração toda a comunicação não verbal do paciente: a entonação, os gestos, a mímica. Diz que

> *a técnica da tradução esqueceu, em proveito da tradução "certa", que o todo, ou seja, a situação analítica do paciente como tal, possui igualmente uma significação – e mesmo a mais importante. É sempre a compreensão do conjunto que dá a boa interpretação [...] (Ferenczi, 1924, p. 229).*

Afirma que o narcisismo do analista pode dificultar o reconhecimento, o manejo e a interpretação da transferência negativa:

> *O narcisismo do analista parece apropriado para criar uma fonte de erros abundante, na medida em que sus-*

cita uma espécie de contratransferência narcísica, e leva o analisando a realçar as coisas que lisonjeiam o médico, e a reprimir comentários pouco favoráveis [...] (Ferenczi, 1924, p. 237).

A ousadia dessas afirmações pode passar despercebida hoje em dia. Na época, os fracassos da análise eram imputados ao fato de o paciente ser "narcísico demais".

Critica ainda uma maneira excessivamente teórica e intelectualizada de clinicar, que não produzia os resultados terapêuticos esperados – na época, os analistas aplicavam a teoria ao paciente e explicavam a ele seus complexos. "Dificuldades técnicas surgiram de um saber excessivo do analista" (Ferenczi, 1924). Sustenta que a psicanálise precisava passar de uma fase do conhecimento para a fase do "experimentado":

Agora queremos colocar o saber a serviço do tratamento, provocando diretamente, em função do nosso saber, as experiências vividas adequadas, e limitando-nos a explicar ao paciente somente esta experiência que lhe seja diretamente perceptível (Ferenczi, 1924, p. 240).

Por fim, relaciona a transferência com o trauma precoce:

O saber que nos coloca em condições de dosar nossas intervenções reside na convicção da importância universal de certas experiências precoces fundamentais, cujo efeito traumático é reanimado na análise e, sob a influência da experiência pela primeira vez conscientemente vivida na situação analítica, é levado a

> *descarregar-se de maneira mais apropriada (Ferenczi, 1924, p. 240).*

As ideias que Ferenczi apresenta nesse texto são absolutamente contemporâneas. A ruptura entre esse autor e Freud fez com que sua obra ficasse no ostracismo por muitos anos. Mesmo assim, é possível reconhecer sua influência sobre muitos autores, entre eles: Klein, Balint e, especialmente, Winnicott.

1934

Em 1934, Strachey publica o clássico *Contribuição à teoria dos resultados terapêuticos da psicanálise*, que faz a transição entre Freud e Klein.

Na época, já havia injunções divergentes sobre como se deve/não deve interpretar. Ele observa, com toda razão, que não dá para saber o que interpretar sem, antes, entender de que maneira uma interpretação produz mudança psíquica. É o que ele fará nesse texto, chegando a uma formulação sobre o que seria uma "interpretação mutativa" a partir de algumas ideias de Freud e Klein.

Na segunda tópica, Freud (1921) formula uma nova concepção de transferência quando mostra que a idealização do objeto na paixão amorosa, na hipnose e na relação com o líder das massas, o sujeito transfere sobre o objeto uma instância, o ideal do eu/superego (que ainda estavam confundidos em 1921).

Klein (1932) havia mostrado que os mecanismos de projeção sobre o objeto e introjeção dos impulsos hostis estavam na origem do superego primitivo. A projeção desse superego fazia com que o sujeito o vivesse como perigoso e mau. A introjeção desses objetos contribuía para tornar o superego ainda mais sádico. O círculo vicioso negativo explicava o medo injustificado dos objetos externos sobre os quais se projetava tal superego.

A questão, para Strachey, é como o analista pode abrir uma brecha de modo a diminuir a ferocidade dos objetos internos. Ao descrever o processo que leva à interpretação mutativa em duas fases, ele teve um *insight* precioso, e sua argumentação é límpida:

- O paciente transfere o superego sádico sobre a figura do analista e passa a ter medo dele e a hostilizá-lo. O analista permite que a transferência negativa se desenvolva, sem responder com críticas ou retaliações;

- O paciente percebe a diferença entre o analista imaginado e temido, a partir de seus objetos internos, e o analista real. Internalizará um objeto com características menos hostis, o que modifica a qualidade dos objetos internos, rompendo o círculo vicioso.

* * *

Strachey diz que o ego do paciente "percebe o contraste", mas um termo melhor seria "tem uma nova experiência emocional (ou subjetiva)". Até porque ele sabe que, muitas vezes, o paciente não tem "senso de realidade" suficiente para perceber a natureza "real" do analista. Ele tem razão, especialmente quando a transferência tem um colorido mais psicótico. Mesmo assim, diz ele, é nesse espaço estreito que a interpretação pode ser mutativa.

O autor supõe também que, quando bem analisado, o analista seja capaz de "domar a contratransferência" – termo de Freud (1909) – de se manter neutro e de não responder a partir do superego sádico do paciente. Ele ainda não dispõe do conceito de identificação projetiva (Klein, 1946) nem dos importantes desenvolvimentos sobre a contratransferência (Heiman, 1949; Racker, 1948, 1950, 1951) que irão mostrar que, em certos casos, o analista se identifica, sim, com o que foi projetado e responde, inicialmente, exatamente como o objeto interno do paciente.

Além disso, sabemos que, em muitas situações, é fundamental que o analista se deixe levar pela convocação transferencial (ver caso 3 em "1921" e Parte III) para que o arcaico – o não simbolizado, o núcleo psicótico – possa se atualizar e ser trabalhado na situação analítica. O analista não pode se defender, fechar o corpo, pois perde a possibilidade de acolher a comunicação não verbal.

Assim, se quisermos manter o termo "interpretação mutativa" na análise dos distúrbios narcísico-identitários, o processo pode ser descrito como se segue:

- No primeiro, o analista se identifica com o objeto primário do paciente e atua a contratransferência em complemento à transferência. O analista colabora (ou resiste) para que o campo transferencial-contratransferencial possa se constituir. Nesse primeiro momento, a dupla está na repetição;

- Em seguida, o analista precisa fazer *trabalho psíquico* para reconhecer qual é sua participação na repetição. É o que chamamos de elaborar a contratransferência;

- Se o processo é bem-sucedido, o analista se desidentifica do objeto primário e pode, então, responder a partir de uma posição diferente, como diz Strachey (1934);

- A identificação do paciente, que é complementar a essa, não tem mais em que se apoiar nem precisa mais servir de apoio à do analista. Fica sem função e pode ser abandonada. Há um reposicionamento do paciente em relação a seus objetos internos. Nos termos de Strachey (1934), há uma nova identificação.

* * *

A seguir, um exemplo de elaboração da contratransferência.

O paciente vem às sessões e se queixa da vida – do salário, do chefe, do trânsito, da mulher. O paciente lhe parece um garoto mimado que não aceita a realidade. Suas interpretações vão nessa linha; tentam abordar o conteúdo do discurso e se mostram inoperantes. A analista vai ficando cansada e irritada. Qual é a identificação que está sendo agida pelo paciente por meio de seu discurso queixoso?

Temos que partir da contratransferência. Ela se dá conta que sente que o paciente espera – ele a convoca transferencialmente – que ela lhe dê umas "vitaminas fortificantes para enfrentar a vida"; e se sente acusada de ser má e de falhar por não fazer isso. Vai se sentindo injustiçada e impotente, o que lhe produz irritação.

"Deveria ter as vitaminas e dá-las ao paciente" – isso desenha a posição identificatória que ocupa na contratransferência: a de um objeto onipotente, uma figura materna que pode e deve resolver o trânsito, o chefe, o salário...

Agora, podemos saber "quem" fala pela boca do paciente – qual é a identificação que está sendo agida na transferência. O discurso queixoso é o da criança-no-paciente que, em sua impotência, constrói a analista como objeto onipotente. São identificações complementares.

Isso significa que ele *acredita* que ela pode, por isso, se queixa, demanda, exige, acusa e culpabiliza seu objeto, que se irrita e rejeita. A identificação projetiva é exitosa, pois, num primeiro momento, ela também acredita – porque está identificada a esse objeto – que deveria fazer isso. Tanto que vai se sentindo falha e impotente.

Idealmente, a análise pessoal teria tornado a analista apta a fazer contato com sua própria onipotência infantil. Quando esse aspecto é convocado pela transferência do paciente, ela pode reconhecê-lo e fazer o trabalho psíquico necessário para abandoná-la, para se desidentificar dela.

Isso lhe permite recuperar a posição analítica a partir da qual essa configuração pode ser trabalhada. Idealmente, quando a analista renuncia à onipotência, o paciente também pode sair da posição de impotência que origina o discurso queixoso, já que uma identificação precisa da outra para se sustentar.

Importante: não há propriamente a internalização de uma nova experiência emocional, mas uma reconfiguração das posições recíprocas: o paciente não precisa mais manter-se impotente para sustentar a suposta potência do analista. Em termos kleinianos, se o paciente fazia uma identificação projetiva em que alocava no analista toda a sua potência, com o movimento do analista ele pode reintegrar em seu *self* esse aspecto que estava cindido e projetado dentro do objeto.

* * *

A ideia de que a mudança psíquica tem a ver com a interpretação transferencial é muito valiosa, porém é preciso considerar que há muitas leituras do que seja uma interpretação transferencial. Na clínica kleiniana, que tem uma ligação muito forte com o texto de Strachey, a interpretação transferencial é aquela que faz referência explícita à situação analítica e ao analista.

Vejamos, a seguir, um exemplo extraído de um texto de Betty Joseph (2002), intitulado *Transferência: a situação total.*

Há uma primeira parte da apresentação do caso em que a analista se torna consciente de que, tanto para ela quanto para o paciente, "as interpretações eram apenas interpretações" (Joseph,

2002). Estava em curso uma transferência amorosa em que ninguém tinha a intenção de que a interpretação produzisse mudança e levasse ao fim da análise.

Depois, ela passa a descrever outro tema, relacionado ao masoquismo passivo do paciente. Ele tinha uma espécie de vício pelo desespero. Há um sonho que será interpretado transferencialmente como fascínio pelo masoquismo com relação à analista.

O sonho: havia uma guerra acontecendo. Ele participava de uma reunião à beira-mar. Escutaram o helicóptero. Havia algo de errado com ele. Deixaram a mesa de reunião para ir ver o que era. O piloto se atirou de paraquedas. Havia dois aviões vigiando/cuidando do helicóptero, mas muito lá em cima, não podiam ajudar. O piloto caiu na água. Ele ficava em dúvida: será que morreu ou será que não morreu?

Ela interpretará que a guerra no sonho representa a guerra que vem acontecendo com a analista. Virar as costas à reunião é virar as costas ao trabalho analítico. Os dois aviões representam dois seios – os seios que poderiam ajudar a cuidar do helicóptero. No sonho, o paciente os transforma em dois seios inúteis, pois estão muito lá em cima e não podem ajudar. Ela interpreta que, em vez de aproveitar a ajuda da analista, ele prefere ficar numa espécie de fascínio com o sofrimento do piloto, que representa o seu próprio sofrimento e sua atitude masoquista.

Mais adiante, ela conta que o paciente disse várias coisas que soavam como um *insight*, e que eram um *insight*. Mas ele falava de uma

> *[...] maneira insípida, quase enfadonha, tudo o que ele estava dizendo era de segunda mão, quase como se o insight estivesse sendo usado contra o progresso na ses-*

são, como se uma específica forma silenciosa de guerra contra mim estivesse acontecendo. Eu mostrei isso a ele" (Joseph, 2002, p. 81).

O paciente diz, afundando na melancolia, que parece que não há uma parte dele que queira cooperar. Ela responde que ele tem vindo às sessões para se tratar, mas percebe que, ao dizer isso, ela estava tentando socorrer o paciente de sua tristeza, e que caiu numa armadilha. Por identificação projetiva, o paciente aloca nela a parte dele que teria de resgatá-lo do movimento de ir afundando, e ela atuou isso.

A sessão fica trancada. Ele continua dizendo que "compreende, mas não pode fazer nada". Ela acha que isso é exatamente o sonho em que ele vê o piloto caindo e não pode fazer nada. Ela escreve: "O sonho é agora vivenciado na transferência" (Joseph, 2002, p. 82). Ela mostra ao paciente que ele está colocando dentro dela o desejo que ele melhore e que, quanto mais ele faz isso, mais ele afunda na melancolia e diz que não pode fazer nada.

* * *

Ao ler o material, percebe-se bem o que ela chama de interpretação transferencial e também sua expectativa de que ela seja "mutativa". No entanto, a sessão vai ficando trancada. Pode ser que não seja apenas a atuação do masoquismo do paciente, mas também que ela esteja colaborando para isso de alguma maneira. Por exemplo, ao denunciar continuamente a transferência, ela pode estar deixando o paciente sem saída. Talvez ela esteja decepcionada e irritada com o paciente quando lhe diz: "Em vez de aceitar minha ajuda, prefere [...]".

Mas no referencial teórico dela, não cabe a possibilidade de que o analista esteja colaborando para constituir determinado campo transferencial-contratransferencial. Quando o paciente sonha com os aviões que não podem ajudar, ele necessariamente está atacando o seio e transformando-o em algo inútil. Reconhecemos na interpretação a teoria que diz que, se há um "seio mau" é porque o bebê o atacou sadicamente com suas fezes. Mas há outras leituras possíveis desses aviões tão lá no alto. Por exemplo, pode ser que ele esteja sentindo a analista distante, e que ela esteja *realmente* distante.

Ela pode estar distante porque está muito aderida à teoria; e pode estar distante por estar identificada ao objeto primário do paciente, o que poderia levar à elaboração da contratransferência. Enfim, nesse sonho, ele pode estar lamentando a distância e não necessariamente produzindo-a. Imagino que seria a linha de Antonino Ferro (1998), para quem o paciente é sempre o melhor colega do analista, e o material lhe dá indicações, como uma bússola, se suas intervenções estão sendo úteis ou não.

Mais para o fim da sessão, o paciente aceita o que a analista diz, mas sente que ela é como aquele flautista que hipnotiza os ratos e eles vão se jogando no precipício. Ela interpreta dizendo que ele a está acusando de tê-lo seduzido para fora do seu estado de imobilização em vez de ter analisado seu problema – como sua mãe fazia. E acrescenta que ele transformou a analista numa figura sedutora para

> *não precisar conter, vivenciar e expressar os verdadeiros bons sentimentos, e principalmente, o sentimento caloroso e a gratidão que vinham emergindo na última parte da sessão [...] (Joseph, 2002, p. 83).*

O material apresentado é suficiente para mostrar o que ela entende por transferência e por interpretação transferencial/

mutativa. A transferência é sempre algo que o paciente está fazendo com o analista, e esse "algo" tem a ver com os aspectos destrutivos do *self*. Reconhecemos nessa postura técnica a recomendação de Klein de interpretar sempre a transferência negativa. Já a interpretação transferencial é aquela que mostra tudo isso ao paciente. Ela parte do pressuposto, como Strachey, de que o analista pode falar da transferência fora da transferência a partir de uma posição neutra – "Veja, você me vê assim por causa dos seus objetos internos, mas eu sou diferente disso" – e que o paciente pode perceber a diferença.

* * *

Mas há outras leituras do que seja uma interpretação transferencial. Segundo o próprio Strachey (1934), é uma fala em que o analista *não responde a partir do lugar em que foi colocado pelo paciente* sem necessariamente ter de descrever continuamente o que este está tentando fazer com o analista, como faz Betty Joseph. Nesse sentido, podemos entender interpretação transferencial como qualquer fala que *tome em consideração o diagnóstico transferencial*.

Como veremos em "Pequenas notas necessárias" na Parte II, uso o termo diagnóstico transferencial para me referir ao conhecimento que podemos obter sobre como, de que maneira e para que o analista é convocado pela criança-no-paciente a se identificar com seu objeto primário, perpetuando a repetição sintomática.

Do meu ponto de vista, a escolha de um caminho ou de outro – interpretar *a* transferência ou *na* transferência – *depende da psicopatologia do paciente* e como ela se atualiza na situação analítica, isto é, do diagnóstico transferencial. Há pacientes para quem a interpretação *da* transferência não faria sentido algum, como veremos nesse capítulo.

102 1934

Uma das situações apresentadas ali é a análise de Jasmin, cujo funcionamento mental apresenta "buracos de simbolização" importantes. Um aspecto significativo e traumatizante de seu objeto primário é a descontinuidade, o que lhe produz a experiência emocional – que não chega a ser simbolizada – de "ser deixada cair no vácuo", expressão que tomo de Winnicott (1955/2000). A analista, identificada a esse objeto, lhe oferece interpretações que são como fiapos de sentido. Essa construção teórica corresponde ao diagnóstico transferencial desse momento do processo. O que poderia funcionar como uma interpretação na transferência? Em lugar de uma fala alusiva, que produz tontura na paciente, a analista pode tentar falar de um jeito mais estruturado, interpretando no próprio nível do conteúdo manifesto – uma fala que "segura" a criança-em-Jasmin. Embora o assunto da interpretação possa parecer extratransferencial, a interpretação é transferencial porque a analista saiu da posição do objeto primário da paciente, que oferece fiapos de sentido e a deixa "cair no nada".

Outro exemplo é o de Juliana, uma *borderline* grave, dependente química e muito atuadora. Por vezes ela fala de Luiza, uma amiga cuja mãe "está em outra" e que se agarra ao que aparece, gente ou drogas. É exatamente como funciona Juliana. Porém, não dá para dizer isso diretamente. É preciso falar com ela usando um recurso comum em análise de crianças: conversar com o brinquedo/personagem, sabendo que quem escuta é o pacientinho. A analista pode falar sobre a *personagem* "Luiza" apostando que a conversa fará sentido para a criança-em-Juliana. Ao fazer isso, a analista já não está na posição da mãe de Luiza/Juliana, um objeto que não faz contato – por isso é uma interpretação na transferência.

* * *

No fim do texto, Strachey (1934) afirma que a única interpretação realmente mutativa é a interpretação transferencial.

A interpretação extratransferencial é útil, mas não é mutativa. Esta ficou sendo uma das três noções que fundamentam a clínica kleiniana, segundo a revisão de Spillius (2002) sobre a evolução da técnica kleiniana. As outras duas são a transferência entendida como situação total (Klein, 1952) e a identificação projetiva/contratransferência (Klein, 1946; Heiman, 1949).

A história da psicanálise mostra que muitas ideias potentes acabam sendo banalizadas ou transformadas em doutrina – sinal de que nós, psicanalistas, também renunciamos com dificuldade à ideia de que alguém detém a verdade. Esse foi o destino da "interpretação transferencial" em alguns grupos. Foi transformada numa técnica, num modelo de como se deve trabalhar, independentemente da psicopatologia do paciente.

Esse modelo alimentou o superego de muitos analistas em formação. Antonino Ferro (1998) diz explicitamente que precisou de um tempo para se libertar dele. Em *Exercícios de estilo*, ele faz uma retrospectiva de seu percurso, reconhecendo três "estilos" – não penso que sejam propriamente estilos, mas modos de conceber o trabalho analítico. No primeiro, estava "em busca da fantasia inconsciente do paciente" (Ferro, 1998, p. 45). No segundo, que durou muito tempo e teve algumas variantes, havia o "mito da relação e da interpretação da transferência" (Ferro, 1998, p. 47). No terceiro, momento em que escreve o livro, há a "descoberta dos personagens e suas vicissitudes no campo" (Ferro, 1998, p. 58). Ele ilustra essas passagens com seu próprio material clínico e faz uma autocrítica dos dois primeiros momentos, que, por vezes, parece uma autocaricatura.

Mesmo Ogden (2007), com toda sua experiência, diz em *On talking as dreaming* que passou a reconhecer formas de trabalho e de conversa que, à primeira vista,

> *podem parecer não analíticas porque paciente e analista conversam sobre coisas como livros, poemas, filmes, regras gramaticais, etimologia, a velocidade da luz, o gosto de um chocolate, e assim por diante (Ogden, 2007, p. 575).*

Apesar das aparências, diz ele,

> *tenho tido como experiência que este tipo de conversa não analítica permite ao paciente e ao analista que eram incapazes de sonharem juntos, a serem capazes de fazê-lo. Chamarei esta forma de conversa de falar-como-se-estivesse-sonhando (Ogden, 2007, p. 575-576, grifos meus).*

Ele está justificando uma maneira de trabalhar que poderia, aos olhos da instituição, ser considerada não analítica. O modelo que ele tem do que seria analítico é a interpretação mutativa, tanto que ele vai pontuando o relato com as "interpretações transferenciais" que vão lhe ocorrendo, mas que, num gesto de ousadia e liberdade, achou melhor não dar – mas, ainda assim, deixa claro que conhece bem o modelo.

1952

Um marco fundamental na história do conceito de transferência é a obra de Melanie Klein. O texto *As origens da transferência* (1952) parte de ideias desenvolvidas anteriormente e traz novas contribuições.

A autora afirma que o paciente vai reagir aos conflitos reativados na transferência recorrendo aos mesmos mecanismos e defesas que usou no passado. Só que o passado a que ela se refere é o início da vida psíquica, que vai se constituindo na relação com seus objetos. Inclusive, ela usa o termo "objeto" de modo diferente de Freud; para ele, objeto é, principalmente, um alvo pulsional. Para ela, a relação de objeto envolve *emoções, fantasias, ansiedades e defesas que constituirão o ego incipiente.*

Dentre as defesas, uma das mais importantes – e talvez seja sua contribuição mais reconhecida por analistas de todas as correntes – é a identificação projetiva (Klein, 1946). Para Klein, essa é uma defesa primitiva usada pelo *self* para se livrar dos aspectos intoleráveis e também para controlar o objeto. O analista não deveria se deixar afetar nem modificar por ela.

Essa ideia será colocada em questão por Racker (1948) e Heiman (1949), para quem a contratransferência é um instrumento para entender a transferência, e por Bion (1955), que vê na identificação projetiva uma forma de comunicação de aspectos primitivos da mente. Deixar-se modificar é a única maneira de ter acesso ao que está sendo comunicado.

Em *As origens da transferência*, Klein (1952) afirma que é a configuração inicial de relações de objeto que vai se repetir na transferência. Esta se caracteriza por cisões profundas que produzem ansiedades psicóticas – medo de ser aniquilado pelo objeto mau, perseguidor – e que mobilizam defesas igualmente primitivas, como a negação e a idealização onipotentes.

Há um elemento valorativo em sua descrição: ela acha que os aspectos mais "profundos" da mente são os relacionados às relações de objeto persecutórias. Por isso, ela valoriza muito a transferência negativa, que deve ser constantemente interpretada:

> *A análise da transferência negativa é uma precondição para analisar as camadas mais profundas da mente [...] Revelou-se útil para a análise de pacientes esquizofrênicos (Klein, 1952, p. 76).*

* * *

É importante notar que, embora no título ela se refira à transferência *tout court*, ela está falando especificamente de certo tipo de transferência psicótica, aquela relacionada à posição esquizoparanoide, na qual o ódio tem efetivamente um papel fundamental. Como veremos adiante, Winnicott (1955/2000) apresentará outras formas clínicas da transferência, como a transferência do não constituído. Nesta, não cabe interpretar continuamente a transferência negativa, e o ódio passa a ter também outras leituras possíveis.

Em *Duas faces de Tanatos* (Minerbo, 2008), sugiro que há funcionamentos psicóticos "quentes" e "frios", decorrentes de diferentes problemas na constituição do eu.

Nos primeiros, predomina o ódio, em cuja origem eu não vejo, como Klein, uma manifestação inata da pulsão de morte, mas uma reação à dor psíquica produzida por uma relação traumática com o objeto primário. O objeto, incapaz de conter sua angústia, evacuou e atuou atacando o psiquismo em formação. Este reagiu e se defendeu com ódio, tentando destruir a fonte da ameaça, a qual é revivida com os objetos de transferência, na vida ou na análise. O ódio que excede a capacidade de contenção e simbolização por parte do aparelho psíquico é evacuado por meio de atuações variadas. Esses seriam os "pacientes kleinianos", isto é, indivíduos cuja forma de ser e de sofrer pode ser mais bem apreendida a partir da teoria kleiniana.

Mas há as psicoses "frias", em que os problemas na constituição do eu decorrem de falhas no investimento narcísico da criança pelo objeto primário – na linha da "mãe morta", quadro estudado por Green (1988). A clínica mostra falhas na continuidade do ser, sensação de vazio, inexistência e futilidade, que podem ser confundidas com depressão/melancolia. As defesas são de outra ordem, na linha do desinvestimento dos objetos e da construção de um falso *self*. O psiquismo tenta "se agarrar" a alguma coisa para não despencar no vazio, resultando nas adições dos mais variados tipos. O modo de ser e de sofrer dos pacientes pode ser mais bem apreendido a partir de ideias e conceitos de Winnicott (1955/2000).

* * *

Segundo Klein (1952), os objetos internos transferidos não são cópias dos externos: há "distorções" devidas à projeção e idealização. Ela pensa que a análise deveria livrar o paciente das distorções e recuperar o aspecto realístico da realidade:

> *Unicamente analisando a situação de transferência em sua profundidade seremos capazes de descobrir o passado, tanto em seus aspectos realistas quanto em seus aspectos fantasiosos (Klein, 1952, p. 77).*

A palavra "distorções" é perigosa porque o analista pode pensar que sua função é decidir onde e como o paciente está distorcendo as coisas, deslizando para uma posição autoritária. Além disso, as interpretações poderão ter um tom pedagógico, sugerindo que o paciente deveria estar funcionando de outro jeito – menos defendido, aceitando a dependência, mais em contato com as emoções ou com a realidade etc.

* * *

A grande contribuição desse texto é, do meu ponto de vista, pensar a *transferência como situação total* (ver como o caso 4 ilustra essa ideia). Cito um trecho fundamental:

> *Por muitos anos, e isso até certo ponto é verdade ainda hoje, a transferência foi compreendida em termos de referências diretas ao analista no material do paciente. Minha concepção de transferência como algo enraizado nos estágios mais iniciais do desenvolvimento e nas camadas profundas do inconsciente é muito mais ampla e envolve uma técnica através da qual os elementos inconscientes da transferência são deduzidos a partir da totalidade do material apresentado. Por exemplo, relatos sobre sua vida cotidiana, relações e atividades, não só nos oferecem um insight quanto ao funcionamento do ego, como também revelam, se explorarmos*

> *seu conteúdo inconsciente, as defesas contra a ansieda-*
> *de suscitada na situação de transferência (Klein, 1952,*
> *p. 78).*

Sintetizando:

- Todas as dimensões do material se referem à transferência: a dimensão verbal (simbólica), a não verbal (afetos, clima, atmosfera) e a dimensão de encenação;

- Todas as dimensões da experiência passada – seja na forma de relatos ou de atuações – se atualizam na transferência;

- A transferência como situação total inclui a transferência lateral, que é a transferência com um objeto externo que representa o analista – isto é, a figura interna de que ele também é mero suporte.

* * *

Um exemplo de transferência lateral é uma súbita paixão que irrompe na vida de uma paciente – até então fiel a seu marido – durante a análise. Quando seu analista lhe pergunta como é esse homem, ela responde que é uma pessoa calma, íntegra, que a escuta com cuidado e se interessa realmente por ela, ao contrário do marido, que está sempre correndo. Ela se engaja numa relação ilícita que dura algum tempo, em paralelo à análise.

A paciente pensa em se separar do marido, o que até seria possível, mas não se vê casando com esse homem. É como se essa relação não pudesse incluir os filhos, amigos e parentes de ambos. É como se esse amor pertencesse a outra esfera – algo sublime que não se encaixaria no cotidiano. E ela tem razão: é uma paixão transferencial e o objeto é mítico, pertence mesmo a outra esfera, embora seu suporte atual seja de carne e osso.

Interpretar diretamente a paixão como relacionada à análise não seria produtivo, mas talvez ir reconhecendo junto com ela como esse homem é importante e também como, estranhamente, não parece pertencer a este mundo pode ser um caminho melhor. Será preciso acompanhar na cena externa – com um ouvido dirigido à cena atual e o outro ouvido atento ao infantil – as demandas e interdições que cercam essa relação.

Pode ser que isso acabe levando à relação com o analista, mas não é obrigatório. Um trabalho assim é transferencial porque reconhece que esse homem representa o analista, que, por sua vez, é apenas outro representante atual da relação internalizada com a figura paterna, que é o que realmente interessa.

* * *

Voltando à transferência como situação total, Joseph (1985) escreveu *Transferência: a situação total* para mostrar "como estamos empregando atualmente o conceito de transferência em nosso trabalho clínico" (Joseph, 1985, p. 76).

Ela vê a transferência como uma estrutura na qual algo está sempre acontecendo; é preciso escutar, ao mesmo tempo, o que o paciente diz e o que ele faz. O conceito de identificação projetiva como uma ação sobre o objeto é central em sua maneira de escutar os pacientes. Cito:

> [Eles] agem sobre nós para que sintamos coisas pelos mais variados motivos [...] Tentam nos atrair para dentro de seus sistemas defensivos [...] atuam tentando fazer com que atuemos com eles [...] transmitem aspectos de seu mundo interno para além da utilização de palavras, e que, frequentemente, nós só podemos apre-

ender através dos sentimentos provocados em nós, de nossa contratransferência (Joseph, 1985, p. 77).

Veja a seguir um exemplo do que ela entende por situação total.

Os participantes do seminário estavam fazendo um grande esforço para entender mais, dizendo coisas aqui e ali. Ninguém ficava muito convencido do que estava sendo dito. A dificuldade do seminário estava refletindo o problema da analista na transferência. O grupo e a analista estavam identificados com a figura materna que não consegue sintonizar com a filha, mas se comporta como se conseguisse. A paciente enchia a sessão com assuntos que eram uma defesa contra a angústia que esse tipo de relação de objeto produz e que lhe davam algo em que se apoiar. De todos os lados, havia um conluio para silenciar a experiência de incompreensibilidade.

A situação total é esse conjunto que estava sendo transferido por identificação projetiva, e que não está só na parte verbalizada do material clínico. A pista para compreender a situação total foi o fenômeno que ocorreu no seminário – a luta para compreender e a contratransferência (sentir-se pressionado para compreender a qualquer preço).

Joseph chama a atenção para a diferença entre a interpretação relativamente útil da parte adulta da personalidade, que se comunica de forma aparentemente normal, e a interpretação de elementos que têm a ver com a parte infantil, que se comunica por identificação projetiva e que é a que precisa realmente ser compreendida.

* * *

Spillius (2007) também dá um exemplo de como ela usa na clínica o conceito de transferência como situação total. A paciente se chama Linda e tem 3 anos e 6 meses. Ela parou de falar quando nasceu seu irmão – ela tinha 2 anos e 3 meses. Era teimosa e desobediente segundo a mãe.

Depois das férias analíticas, Linda entra no consultório e começa a desabotoar o avental. A analista interpreta que ela pensava que, nas férias, ela fizera um bebê com o marido, e agora o procurava dentro do avental. Em seguida, ela faz uma gororoba de água, papel e massinha. A analista interpreta que Linda quer lhe mostrar que ela também pode fazer um bebê e, ainda por cima, sozinha.

Depois dessa interpretação, a menina joga tudo no chão. A analista interpreta que ela ficou furiosa porque percebeu que aquilo não era um bebê – era água, papel e massinha. Era xixi e cocô e não um bebê.

Aí, ela sobe numa estante e, num segundo de distração da analista, pula em suas costas. As duas caem no chão. A analista diz que agora ela estava sendo o papai, subindo nas costas dela, como ela achava que o pai fazia com a mãe quando eles estavam juntos e faziam bebês. E que ela queria arrebentar tanto ela, a analista, quanto o bebê que ela pensava que estava na barriga. Pouco depois, a menina volta a falar.

A analista comenta que a transferência, aqui, não era simplesmente transferência de sentimentos relativos à mãe e ao pai. Era isso e muito mais. Houve uma encenação do coito agressivo que ela imaginava haver entre os pais, em função da projeção de seus impulsos agressivos.

Outro elemento transferencial é o susto que a analista levou. Usando o conceito de identificação projetiva como forma de comunicação, entende que Linda está comunicando seu choque por ter de assistir ao coito dos pais (dormia no mesmo quarto que eles). Seu mutismo era

> *sua maneira de dizer que o que estava tendo de suportar era indizível. Inconscientemente ela tentava evocar em mim seus sentimentos de choque e abuso [...] É a transferência vista como encenação (Spillius, 2007, p. 178).*

O que também é conhecido como *enactment*.

1948-1953

É hora de voltar para a virada dos anos 1940 para os 1950, quando a contratransferência voltou a ser estudada. Entre 1948 e 1958, Racker escreveu não um ou dois artigos, mas toda uma obra sobre o tema. Ele nasceu na Polônia e iniciou sua formação analítica em Viena, mas se refugiou do nazismo na Argentina, onde se estabeleceu e deu continuidade ao seu percurso profissional. É um kleiniano cujos textos sobre o uso da contratransferência são contemporâneos ao de Paula Heiman. Boa parte de sua obra só se tornou conhecida fora da Argentina quando foi publicada em inglês por ocasião de sua morte, em 1961.

* * *

O primeiro desses artigos foi *A neurose de contratransferência*, apresentado na Associação Psicanalítica Argentina (APA) em 1948 e publicado no *International Journal of Psychoanalysis* em 1953. Além de seu valor histórico, o texto apresenta ideias fundamentais para a clínica contemporânea, mesmo que o próprio autor tenha se equivocado em alguns pontos, como pretendo discutir.

Ele começa analisando as várias resistências dos analistas em relação à investigação da contratransferência. Em seguida, afirma que o analista não está livre de sua neurose, por mais analisado que seja. Em alguma medida, presente e passado, realidade e fantasia, permeia sempre sua relação com o paciente.

Traz vários exemplos de como o analista pode fazer transferência com o seu paciente e se relacionar com ele a partir de seu próprio Édipo, o que prejudica o processo:

- Colocando uma ou várias pacientes no lugar de sua própria figura materna, o que vai gerar expectativas ou temores em relação a ela;

- Desejando que a paciente se apaixone por ele e se sentir humilhado e rejeitá-la caso não aconteça;

- "Interpretando" novas relações amorosas na vida da paciente como atuações se o analista rivaliza com esses homens;

- Sentindo dificuldade em trabalhar a transferência erótica da paciente se ele mesmo faz uma transferência desse tipo com ela;

- Colocando seu paciente homem no lugar do pai e "interpretar" para se exibir, para ser amado e valorizado por ele;

- Desejando que o paciente se submeta a ele e às suas interpretações, triunfando sobre ele;

- Sentindo uma grande simpatia do paciente que se queixa de ser maltratado pela esposa.

* * *

Nesses exemplos, a transferência que o analista faz com a paciente independe, até certo ponto, da transferência da paciente. Daí o nome neurose de contratransferência.

Racker (1948) usará um caso como eixo condutor para desenvolver suas ideias. Trata-se de uma paciente que apresenta traços de "avareza" com relação ao analista, a que este reage com um ressentimento oral: fica frustrado e irritado porque a paciente pode, mas não aceita pagar o valor integral de seus honorários. Embora ele trate essa reação do analista como neurótica, penso que suas agudas observações se referem à contratransferência em geral.

Temos, então, um analista que fica irritado porque a paciente barganha o valor dos honorários. Ele entende intelectualmente que a paciente está se defendendo dele porque o vê como um "ladrão" (o termo é dele), isto é, como a imago materna voraz. A partir de sua contratransferência, ele entende também a relação entre a avareza defensiva e a voracidade do objeto interno: "a contratransferência aponta-lhe veridicamente um fato psicológico na paciente" (Racker, 1948, p. 117).

Ele já está usando a contratransferência como instrumento para entender a transferência:

> *Sua vivência (do analista) de frustração e ódio lhe revelaram a avareza da paciente e a resposta dos objetos internos dela (Racker, 1948, p. 117).*

Do seu ponto de vista, é a avareza que produz um objeto ressentido. Ele está pensando em termos de ação e reação. Penso, ao contrário, que o ponto zero teria de ser, por hipótese, a voracidade (inconsciente) do objeto primário. É o que leva o sujeito a se defender por meio da avareza que, por sua vez, frustra e irrita o objeto; este se torna ainda mais voraz, obrigando o sujeito a redobrar sua defesa. Na prática, já não é possível nem faz sentido, localizar o ponto zero.

Mas, se tirarmos uma foto dessa dinâmica, pode acontecer de flagrarmos somente o momento em que a avareza do sujeito frustra o objeto que reage com raiva. Seria um equívoco concluir dessa foto que o ciclo começou com a avareza. Do meu ponto de vista, esse é o equívoco de Klein quando postula que tudo começa no sujeito.

* * *

Embora neste momento Racker (1948) seja kleiniano – ele diz que o ataque provém do sujeito e que o objeto apenas *reage* ao ataque – dois parágrafos adiante ele diz que

> *É de grande importância ver e analisar a influência destas e outras expressões da contratransferência sobre a transferência (Racker, 1948, p. 118).*

Ou seja, dois anos antes do artigo de Ida Macalpine (1950) – que causou impacto na comunidade analítica ao mostrar que a transferência não é espontânea, mas induzida pelo enquadre (que inclui a postura receptiva do analista) – Racker já tinha percebido a influência da contratransferência sobre a transferência.

Penso que com essa afirmação ele desliza imperceptivelmente de uma visão mais reducionista:

ação → reação (transferência à contratransferência)

Para uma concepção em que transferência e contratransferência se determinam mutuamente:

(transferência ↔ contratransferência)

Quais as consequências da contratransferência (irritação com a avareza da paciente)? Segundo ele, "o analista não está impedido de *compreender*, mas está impedido de *reagir compreensivamente*"

(Racker, 1948, p. 117). Por isso, o paciente percebe, inconscientemente, o ressentimento na voz e na formulação da interpretação (ou em seu silêncio) e se vê, novamente, diante de um objeto arcaico. E, desta vez, com fundamento real, pois o analista, privado de parte de seus honorários, torna-se realmente voraz.

Ele afirma que "o analista capta bem a situação, mas sua reação interna é neurótica" (Racker, 1948, p. 117). É neurótica porque é a criança-nele que está ressentida com a paciente. Ele faz transferência com ela e a vê como um seio avarento que lhe recusa o leite, daí sua irritação. Embora Racker pense que isso não deveria acontecer, ele está trazendo uma contribuição excepcional ao estudo da contratransferência: ela é a transferência que o analista faz com o paciente a partir da criança-nele.

De fato, nesse sentido, toda contratransferência poderia ser considerada "neurótica". Quando ela nos leva a perder temporariamente a posição analítica é sempre para nos identificar – *a partir da criança-em-nós* – com um aspecto infantil do paciente ou de seus objetos parentais que, afinal, muitas vezes também agem a partir de seu inconsciente.

* * *

Retomando o pensamento do autor, quando o analista fica com raiva da paciente, de um jeito ou de outro ele atuará a raiva e a paciente se encontrará, "*desta vez com fundamento real*" (Racker, 1948, p. 117) diante do objeto arcaico. Eu diria que a paciente se encontrará *novamente diante do mesmo objeto arcaico*, pois, quando a identificação projetiva é exitosa, o analista se identifica com o objeto interno do paciente e se transforma efetivamente nele.

Mas Klein não trabalha com a noção de trauma, por isso, quando Racker diz "desta vez com fundamento real", ele está supondo que o seio nunca foi voraz, mas lido assim por efeito da

120 1948-1953

projeção da voracidade do bebê. Ora, nada impede o seio, que tem um psiquismo próprio, de se sentir emocionalmente carente e vazio e de usar o bebê como "alimento", sendo realmente – embora inconscientemente – voraz. Não são poucas as mães que gostariam de morder, comer e engolir seu bebê! Mas no recorte kleiniano, o seio não é um sujeito em si mesmo, mas apenas um objeto suporte das projeções e introjeções do bebê.

Como vimos, Racker faz uma contribuição fundamental quando afirma que a paciente percebe inconscientemente a hostilidade do analista (que está com raiva por causa dos honorários) e que isso influencia a transferência. Mas dá a isso um valor claramente negativo: ao atuar a contratransferência, o analista estaria deturpando a transferência que, de outra maneira, poderia ser atribuída e interpretada apenas como provindo do inconsciente do paciente. No texto seguinte, de 1951, ele mudará de posição e desenvolverá a ideia da contratransferência como instrumento para analisar a transferência. Mas em 1948, ele ainda a considera um perigo – e, de fato, dependendo da contratransferência, o analista pode resistir à transferência e posicionar-se contra ela, congelando o processo.

Indo além do período que estou analisando, em 1958, ele dá um passo além e passa a entender transferência e contratransferência como unidade indissolúvel, dois lados da mesma moeda:

> Assim como a transferência é o campo em que são travadas as batalhas principais pelo extermínio das resistências, a contratransferência será a outra metade do campo, onde são travadas batalhas principais pelo extermínio das resistências do analista, as contra-resistências (Racker, 1958, p. 24).

Ele já não vê a contratransferência como simples reação à transferência e sim como uma *"posição (ou atitude) interna básica do analista diante do paciente e seu material"* (Racker, 1958, p. 30). A formulação é de uma absoluta atualidade. Na Parte II, "Seis situações clínicas comentadas", eu trabalho o tempo todo com a noção de contratransferência como *posição identificatória do analista*.

* * *

Voltando a 1948, ele propõe, como conclusão prática, que a supervisão se detenha também sobre a contratransferência do analista e não apenas sobre a transferência do paciente. Além disso, vê

> *a necessidade de continuar a análise didática até que o candidato enfrente os aspectos neuróticos de sua contratransferência (Racker, 1948, p. 119).*

Hoje, sorrimos à ideia de que poderia haver uma análise completa do analista. Apesar disso, Racker atirou no que viu e acertou no que não viu ao afirmar que *"a transferência é uma função das transferências do paciente e das contratransferências do analista"* (Racker, 1948, p. 117). Ele se equivoca quando pensa que a contratransferência poderia ser próxima de zero e, então, estaríamos em condições de interpretar a pura transferência, porém acerta na mosca quando mostra que o analista não apenas reage, mas é parte ativa na constituição do campo transferencial-contratransferencial, e desconstrói a dicotomia transferência/contratransferência, mostrando que formam uma unidade indissolúvel.

Em "Seis situações clínicas comentadas", procuro mostrar, em cada caso, de que maneira a contratransferência desenha a transferência a partir da unidade indissolúvel constituída pelo psiquismo do paciente e do analista. Pensando a partir de Racker, a neurose

122   1948-1953

de contratransferência é, tanto quanto a neurose de transferência, uma *necessidade processual*.

* * *

Passo agora ao texto de 1953, *Os significados e usos da contratransferência*. Na introdução, ele mesmo faz uma resenha dos temas tratados em *Observações sobre a contratransferência como instrumento técnico*, de 1951. Diz que coincide com as ideias de Heiman sobre a contratransferência como instrumento para a compreensão da transferência. Também acrescenta que a ela nos dá notícias das relações com os objetos internos do paciente. E, saindo do plano teórico, aventura-se a deduzir, do caráter específico de certos tipos de contratransferência (conteúdos, angústias, mecanismos específicos), o caráter específico dos acontecimentos psicológicos no paciente. Considero essas ideias, desenvolvidas em certo momento da tradição kleiniana, originais e esclarecedoras.

* * *

Os significados e usos da contratransferência (Racker, 1953) é seu trabalho mais completo. Extrairei dele apenas as ideias que, do meu ponto de vista, permitem diferenciar o campo transferencial-contratransferencial típico da análise de aspectos neuróticos e não neuróticos, como se verá adiante na síntese comparativa que proponho.

Para ilustrar suas ideias, retomo os casos 1, 2, 3 e 4 discutidos anteriormente (ver "1914" e "1921"). Os casos 1 e 2 ilustram a transferência neurótica, isto é, a atualização de identificações histéricas. Já os casos 3 e 4 exemplificam a transferência com colorido psicótico com a atualização de identificações narcísicas.

Nos dois primeiros casos, o analista não se confunde com a figura interna do paciente e pode interpretar no calor do instante. Por exemplo, no caso 2, o paciente, cuja mãe acusava os filhos de impedi-la de ser escritora, imagina que o analista vai aproveitar sua ausência (ele vai viajar) para escrever. Este interpreta: "como sua mãe?".

Nos casos 3 e 4, a coisa é um pouco diferente. O analista responde de forma complementar à identificação que o paciente atualiza na transferência, ou seja, ele se confunde com a figura interna. Enquanto isso, a interpretação é inoperante. Leva tempo até que o analista consiga perceber qual é a cena à qual foi arrastado. No caso 4, Francine quer diminuir uma sessão. A paciente queixa-se da analista por um longo período. A análise chega a um impasse. A analista viveu longamente na própria pele a criança--na-paciente submetida a uma mãe tirânico-queixosa antes de entender qual cena estava se repetindo na situação analítica com sua colaboração. A analista se identificou a um aspecto da criança, confundiu-se com ela.

Pois bem, tudo isso está antecipado pela descrição que Racker faz em 1953 dos dois tipos de contratransferência. Ele os diferencia em função do tipo de identificação que está em jogo, concordante ou complementar – termos que toma de Helen Deutch (1926):

- *Na identificação concordante*, o ego do analista se identifica com o ego do paciente, aceitando em seu ego essa identificação. Essa é a base da empatia, de nossa capacidade de reconhecer o "outro em mim" e vice-versa. Por exemplo, posso reconhecer a rivalidade edipiana no paciente a partir da minha própria rivalidade edipiana;

- *Na identificação complementar*, o ego do analista se identifica com objetos internos do paciente. (No exemplo de Francine, o analista se identificou com a criança-tiranizada, enquanto a paciente estava agindo a identificação com a figura materna tirânico-queixosa). O analista entra no círculo vicioso patológico e colabora para manter a repetição sintomática, levando a análise a um impasse. Para sair disso, é preciso elaborar a contratransferência e se separar do objeto interno do paciente, ou seja, desidentificar-se dele.

* * *

Em função desses tipos de identificação, Racker distingue dois tipos de contratransferência: a ocorrência e a posição contratransferencial.

Ocorrência contratransferencial

Um paciente paga seus honorários em dinheiro e o analista precisa devolver-lhe o troco, que está em outra sala. Deixa as notas na sala de análise e sai. Nesse meio tempo, tem a fantasia de que o paciente vai pegar de volta o dinheiro e dizer que o analista já o guardou. Quando volta, o analista encontra o dinheiro lá, intacto. Quando retomam a conversa, o paciente – que rejeitava pagar os honorários – diz que teve a fantasia de guardar o dinheiro ou dar um beijo de despedida nas notas.

A fantasia do analista – a ocorrência contratransferencial – provém de uma identificação com o desejo do paciente de se apropriar da potência paterna. Ele reconhece e tolera em si próprio essa configuração psíquica e, por isso, pode se identificar com o paciente. Nos termos de Racker, essa fantasia não representa perigo para a posição do analista (ele não vai atuar a fantasia); não se confunde com o objeto interno do paciente nem o confunde com seu próprio objeto interno. A fantasia pode e deve ser utilizada pra interpretar.

Outro exemplo:

Uma paciente pergunta ao seu analista se ele acha certo o analista N. se separar de sua esposa para casar com outra. Em seguida, fala longamente sobre a primeira. Ocorre ao analista que, ao falar tanto da primeira, a paciente está negando que queira saber quem é a segunda – e se não é uma paciente do analista N – e que isso tem a ver com eles. Então, o analista pergunta se ela pensou alguma coisa sobre a segunda esposa de N. Ela responde, rindo: "Sim, pensei se não é uma paciente dele". Isso levou à fantasia de que ele pudesse se separar de sua esposa e se casar com ela:

> *A ocorrência contratransferencial foi possível porque sua identificação com o desejo edípico da paciente não estava travada pelo recalque, e porque ele mesmo contratransferia seus próprios impulsos edípicos, aceitos pelo seu ego, sobre a paciente (Racker, 1948, p. 136).*

É uma forma de contratransferência positiva e sublimada, geralmente próxima da consciência.

Nessas situações, o paciente não está consciente de sua fantasia, e o analista vai usar a ocorrência contratransferencial para adivinhar o que está recalcado ou praticamente pré-consciente. A contratransferência não arrasta o ego do analista nem o do paciente, que é capaz de perceber e comunicar sua fantasia. É uma dinâmica neurótica que está em jogo.

Posição contratransferencial

Como o analista se identifica e se confunde com os objetos internos do paciente, a repetição se cronifica – a contratransferência adquire uma tonalidade negativa e arrasta o ego do analista, que tende a contra-atuar. Racker (1948) diz que a contratransferência é vivida não apenas com mais intensidade – não é uma questão quantitativa – mas como realidade. A qualidade da contratransferência é outra, não há mais "como se".

A ideia de posição indica algo para além dos sentimentos do analista por seu paciente. Ele dirá com mais clareza em 1958 que se trata de uma *atitude interna* de resistência à transferência. Essa posição é complementar à identificação que está sendo atualizada na transferência e, por isso, dá sustentação à repetição sintomática. É uma posição identificatória e, nesse sentido, inconsciente.

Um exemplo disso foi o caso da paciente que barganha os honorários, deixando o analista irritado. Nesse momento, ela é vivida por ele como uma má paciente – ele diz que "ela é avarenta". Essa palavra contém um julgamento moral, o que mostra que a contratransferência é negativa e vice-versa; para ela, o analista é um ladrão de quem ela tem de se defender barganhando.

Não é incomum, em supervisões, o supervisionando se referir ao paciente com palavras de cunho moral, por exemplo, mimado ou espoliador (ver "O amor impiedoso de Jairo", na Parte II). Essas palavras indicam que está faltando uma compreensão metapsicológica do caso e também que o analista está numa posição contratransferencial negativa.

O analista "se esquece" temporariamente de que a barganha indica algo a respeito da posição identificatória da paciente, e esta "se esquece" que está lá para associar. Em lugar de *dizer* que acha que o analista poderia roubá-la (seria uma dinâmica neurótica), *atua* com base numa certeza. Se o analista tentar interpretar a fantasia de roubo, vai acusá-lo de estar tentando enrolá-la. É uma dinâmica psicótica (paranoica) que está em jogo. E como é frequente, a atualização de um núcleo psicótico se dá sobre o enquadre.

TRANSFERÊNCIA E CONTRATRANSFERÊNCIA

* * *

As ideias de Racker abriram caminho para que, pouco tempo depois, M. & W. Baranger, ambos radicados na Argentina, dessem mais um passo decisivo. Em 1961, eles publicam *La situación analítica como campo dinâmico*. Segundo eles, assim como um grupo não pode ser compreendido como uma somatória de indivíduos e, sim, como uma nova estrutura com uma dinâmica psíquica própria, o encontro de analista e paciente gera uma nova estrutura: o campo analítico.

Os autores observam que o campo não é formado por duas pessoas, exceto num nível puramente descritivo – que também é fundamental. O analista está sempre referido a um terceiro, seja o enquadre, o método psicanalítico, a instituição ou uma teoria. O paciente, se não for psicótico, também (mas mesmo nesse caso há um terceiro que foi destituído de sua função). A grande descoberta da psicanálise é que o indivíduo é múltiplo, plural – constituído por identificações diversas que, a cada momento, organizam o campo de uma maneira diferente.

Além disso, dizem eles, o campo se constitui a partir de uma ambiguidade essencial. Por exemplo, se o paciente visse o analista apenas como analista e não, ao mesmo tempo, como outra figura, não haveria análise. E se ele visse o analista apenas como, digamos, sua mãe e não como analista, também não haveria análise. Há ainda uma ambiguidade temporal:

> *Essa mistura de presente, passado e futuro permite ao paciente não apenas tomar consciência de sua história, mas também modificá-la retroativamente (Baranger; Baranger, 1969, p. 10).*

"O que estrutura o campo bipessoal da situação analítica é essencialmente uma fantasia inconsciente" (Baranger; Baranger, 1969, p. 18). Não é a fantasia do paciente, mas uma fantasia do par, em que cada um tem um papel distinto. O foco não é a fantasia inconsciente subjacente a um sonho ou a um sintoma, mas à própria sessão. "A fantasia é a estrutura dinâmica que confere em cada momento um significado ao campo bipessoal" (Baranger; Baranger, 1969, p. 20). Por isso, não dá para entender o papel de um sem entender o papel do outro.

* * *

Para os Baranger, o campo é estruturado por uma fantasia inconsciente compartilhada. Esta, por sua vez, é o produto do interjogo entre as identificações projetivas do paciente e as contraidentificações do analista. Quando o analista está identificado ao que foi projetado, o campo se cristaliza de forma patológica. Já quando o analista se desidentifica, o campo retoma sua necessária mobilidade.

Retomo um exemplo já citado em "1952". Ali, a situação clínica mostrava a elaboração da contratransferência. Aqui, servirá para ilustrar a ideia de fantasia inconsciente compartilhada.

Como sempre, um paciente chega e começa a se queixar da vida, da mulher, do trânsito, num tom acusatório. A analista se sente culpada por não estar conseguindo ajudar o paciente. Já não sabendo o que dizer, fica irritada.

A fantasia inconsciente compartilhada pela dupla é que a analista, que supostamente não sofre as dores da vida como o paciente, é culpada por "omissão de socorro": poderia evitá-las, mas não o faz.

Dividindo artificialmente o que é uma unidade indissolúvel (transferência e contratransferência formando um campo), temos:

- Do lado do paciente, as queixas acusatórias indicam sua posição subjetiva: ele faz uma identificação projetiva da onipotência infantil na analista e a vê como podendo acabar com o trânsito e mudar a cabeça da mulher. Se ela pode, mas não o faz, é porque não quer – portanto, é má. É disso que ele a acusa;

- Do lado da analista, vemos que ela está identificada àquilo que está sendo projetado nela: a onipotência. Por isso, ela "se esquece" de que, como qualquer pessoa, ela também sofre as dores da vida e "acredita" que poderia – e, portanto, deveria – mudar a cabeça da mulher do paciente e eliminar o trânsito da vida do paciente. Ela acredita que está devendo algo a ele e se sente culpada; está aprisionada na fantasia do paciente.

Percebe-se que só dá para entender *por que (do quê) ele a acusa* se a gente entender *por que (de quê) ela se sente culpada*. O motivo é um só: ambos acreditam que ela poderia resolver, mas não o faz. É a fantasia compartilhada que estrutura o campo.

* * *

Outro autor que entende a transferência e contratransferência como campo é Fabio Herrmann (1991a). Campo, para ele, é um conceito operacional, uma maneira de escutar o discurso do paciente. Leda Herrmann (2007) sintetiza seu pensamento:

> *A Teoria dos Campos pensa a transferência não como um fenômeno a aparecer ou não na sessão analítica, mas como uma forma de apreensão do discurso humano, que deixa vazar a lógica inconsciente de sua construção [...] No campo transferencial o par analítico se disporá de acordo com o sentido afetivo-disposicional*

do discurso do paciente com respeito ao analista: par sado-masoquista, pai e filho, interlocutores desencontrados, amantes etc. (Hermann, 2007, p. 24).

Os Baranger partem do referencial kleiniano e, por isso, entendem que é a fantasia inconsciente que estrutura o campo. Herrmann (1991a), cuja revisão crítica da Psicanálise impugna qualquer referência reificadora e conteudística ao psiquismo (por exemplo, o conceito de fantasia inconsciente), sustenta que o campo é estruturado por uma lógica emocional inconsciente que determina posições para analista e paciente e que se torna consciente nos momentos de ruptura de campo.

Uma interpretação não é transferencial porque se refere à pessoa do analista, mas porque toma em consideração o diagnóstico [do campo] transferencial. Em "Pequenas notas necessárias", que abre a Parte II, apresento essa noção que nos servirá para pensar os momentos de impasse – ou de cristalização do campo – na situação analítica.

Assim como os Baranger, Herrmann vê na imobilidade imposta pelo campo um dos momentos do processo. A diferença talvez fique por conta de como encaminhá-lo do ponto de vista técnico. Para os Baranger, recupera-se a mobilidade do campo com a interpretação transferencial – a interpretação da fantasia inconsciente do campo.

Como exemplo de diagnóstico transferencial, Leda Herrmann (2007) apresenta uma paciente cujo estilo telegráfico a convidava – ou melhor, constrangia-a – a completar o sentido de sua fala, como que transformando o telegrama em carta, e ficando por isso atrelada ao conteúdo manifesto. Esse estilo transferencial viciava a escuta e aprisionava a analista, que perdia sua mobilidade.

Tomando em consideração o aspecto coercitivo desse campo transferencial, a analista procura orientar sua ação interpretativa de modo a "completar sem completar o pensamento da paciente" (Herrmann, 2007, p. 26). A expressão "completar sem completar", embora um tanto estranha, é precisa, pois, se a analista se negasse a completá-lo, a paciente se sentiria abandonada, e se continuasse completando sem ressalvas, deixaria de ouvir outros sentidos na fala da paciente. Completar sem completar: o analista sempre trabalha no fio da navalha.

* * *

Ferro (1998), já citado em "1934" quando mencionamos o efeito superegoico da interpretação mutativa de Strachey, redescobriu os Baranger e usa o conceito de campo à sua maneira. Conta que, em seu percurso, evoluiu de um momento que denominou "o mito da relação e da interpretação da transferência" (Ferro, 1998, p. 47) para outro denominado "a descoberta dos personagens e as suas vicissitudes no campo" (Ferro, 1998, p. 58). Mas ele não pensa, como os Baranger, que é preciso interpretar a fantasia inconsciente compartilhada. Ao contrário:

> *A relação, ou melhor, o campo, não é entendido como algo que deva ser interpretado continuamente, mas como o meio que permite operações transformadoras, narrativas e pequenos insights sucessivos, que não necessitam ser interpretados, mas que precedem mudanças (Ferro, 1998, p. 61).*

Percebe-se que o conceito de campo opera definitivamente um deslocamento da escuta analítica, que passa a tentar identificar a *cena* constituída pelo psiquismo do paciente e do analista.

132 1948-1953

* * *

Em sua bela tese de doutorado, *A escuta e o corpo do analista,* Eliana Pereira Leite (2005) faz uma aproximação sugestiva entre o trabalho psíquico do ator e do analista. Ambos disponibilizam a *matéria viva de seu psiquismo, esvaziando-se de sua "pessoa real"* (seus juízos de valor, opiniões pessoais, desejos, necessidades), para dar vida a uma personagem e contracenar com outros, todos juntos coautores de uma *cena.* A diferença é que o objetivo do primeiro é atuar o papel, enquanto o do segundo é, idealmente, interpretar em vez de atuar.

A analogia com o trabalho do ator, diz a autora, surge quando Freud (1905) amplia o entendimento da transferência como deslocamento para entendê-la também em sua dimensão de *script.* Nesse sentido, transferência é a atribuição de um papel ao analista, que o desempenha mesmo sem saber qual é. A interpretação agora deve abarcar a cena da qual ele faz parte, além da decifração/tradução de conteúdos inconscientes do paciente.

A autora apresenta as ideias de Stanislavski sobre a preparação do ator. Para interpretar um papel, ele busca em si mesmo, no acervo de sua memória emocional e em sua imaginação criativa, os elementos para dar vida àquilo que se oculta sob as palavras do dramaturgo. A matéria viva de sua subjetividade entra em ressonância com a da personagem. Sem esse contato com sua vida interior, que ultrapassa o limiar da consciência e penetra no subconsciente, a atuação não seria convincente e não tocaria o espectador.

No caso do analista,

> *é a fala do analisando que, inadvertidamente, toca e desperta a memória, a imaginação, os pensamentos inconscientes, as sensações e manifestações corporais do*

analista, e estas não se destinam a fundamentar uma ação física, mas à reconstituição da dimensão inconsciente presente nas palavras vindas do divã (Pereira Leite, 2005, p. 46-47).

O analista oferece sua contratransferência para que a transferência possa ganhar corpo. Nesse sentido, embora o roteiro seja dado pela transferência, a cena se constrói em coautoria.

* * *

Em seu trabalho, Eliana Pereira Leite está interessada nos casos em que se está no limite do analisável (os casos-limite). Nessas análises, a dimensão mais corporal do psiquismo do analista será o "órgão de recepção" do inconsciente pulsional, isto é, do não simbolizado. São

situações singulares em que o roteiro transferencial não lhe reserva propriamente um papel, mas o coloca na situação de experimentar em si mesmo, e de dar testemunho dos efeitos de certos acidentes na vida psíquica do analisando que permanecem excluídos do próprio roteiro (Pereira Leite, 2005, p. 56).

Entendo que, aqui, ela se refere à transferência não neurótica (psicótica ou narcísica, conforme o autor).

Penso que, mesmo na transferência não neurótica, em que o corpo do analista é o "órgão receptor", há um roteiro, em que o analista também desempenha um papel. Porém, em lugar do *script* mais conhecido ou convencional do romance familiar neurótico, o roteiro não neurótico coloca em cena lutas desesperadas e estratégias de sobrevivência do eu em ambientes emocionais

134   1948-1953

particularmente inóspitos ou francamente hostis. O trabalho interior do psicanalista consiste em tentar *imaginar* mais do que em *reconhecer* que papel é o seu – e não será um papel nada lisonjeiro.

A diferença entre o roteiro do romance familiar e o da luta do eu por sua sobrevivência foi discutida com a ajuda dos casos 1 e 2 (ver "1914") e 3 e 4 (ver "1921").

Nos casos 1 e 2, vimos como, na transferência neurótica, o analista reconhece, com relativa facilidade, o papel que foi convocado a representar. Ele não chega a atuar o papel que lhe é atribuído, pois consegue interpretar:

- No caso 1, que o paciente lhe atribui o desejo incestuoso de permanecer com ele mais tempo em sessão;

- No caso 2, que existe o desejo de que o paciente se ausente para lhe conceder tempo livre para escrever.

Já nos casos 3 e 4, a coisa complica. Antes de poder interpretar, *e sem conseguir evitá-lo*, o ego do analista será "arrastado" e ele atuará um papel bizarro, que, a princípio, é irreconhecível ou mesmo inconcebível. Ele não atua fisicamente como o ator, mas *atua em complemento à transferência não neurótica, colaborando temporariamente para a repetição sintomática.*

Assim, se e quando esse roteiro puder ser imaginado, o analista poderá perceber que estava identificado com o objeto primário, ou, na transferência invertida, com um aspecto da criança-no-adulto. Os papéis são complementares:

- No caso 3, o analista concedia *de fato* pequenas gratificações ao paciente até poder reconhecê-las como incestuosas;

- No caso 4, a analista estava no papel da criança-atormentada pela mãe tirânico-queixosa e *se rebela de fato* desmarcando uma das sessões de Francine.

* * *

Na Parte II, apresento o material de quatro seminários clínicos e duas supervisões que têm em comum com os casos 3 e 4 o fato de "arrastarem" o ego do analista. Veremos que, mais do que simples reação emocional à transferência, a contratransferência é a oferta da matéria psíquica viva do analista graças à qual a transferência pode ganhar corpo e ser reconhecida "dentro do analista".

Ao atuar, o ator que está em cena sente, pensa e se relaciona com os outros personagens de tal modo que nós, na plateia, podemos reconhecer, ou melhor, podemos sentir em nós *quem ele está sendo*. Já o analista tem de estar, ao mesmo tempo, no "palco" oferecendo seu corpo-alma para contracenar com o paciente e na "plateia" observando e reconhecendo *quem ele está sendo* naquele momento.

É muito mais fácil reconhecermos isso em seminário clínico e supervisão, pois não estamos diretamente implicados na cena. Quem apresenta o caso comunica, com a dimensão mais corporal (primitiva) de seu psiquismo, como ele está se relacionando com a criança-no-paciente naquele momento. Ele ou ela fala a partir da identificação com o objeto primário que está sendo convocado pela transferência; fala a partir da posição identificatória contratransferencial, que, muitas vezes, é inconsciente.

Por isso, ao ouvir o relato do caso, prestamos atenção ao tom de voz, às palavras e expressões que usa para descrever seu paciente ao clima emocional criado pelo relato e aos elementos contidos na própria estrutura das interpretações. Enquanto isso, nós, na "plateia", estamos em posição confortável para fazer uso de nossa imaginação metapsicológica para reconhecer "quem" o analista está sendo naquele momento, e, portanto, que cena poderia ser essa.

* * *

136 1948-1953

As seis situações apresentadas na Parte II me sensibilizaram particularmente porque o colega atuava, sem poder nem dever defensivamente evitar, papéis particularmente penosos. Papéis nos quais se percebia – e até certo ponto, estava sendo – mais ou menos incapaz, inadequado, insuficiente, confuso, desvitalizado, irritado, crítico ou psiquicamente ausente. Roteiros no qual o eu do paciente e/ou do analista lutam por sua sobrevivência.

O analista experimenta uma gama de afetos tristes no sentido que Espinosa dá ao termo: aqueles que reduzem a potência do ser. O que não é de se espantar, tendo em vista o tipo de roteiro mencionado. É sempre um papel ingrato porque, enquanto o analista não reconhece "quem" ele está sendo e qual é a cena que se repete, seu narcisismo sofre e a análise patina.

Dissemos anteriormente que o objeto primário fala pela boca do analista. Em uma das situações ("Ufa, agora vai! (Joel)"), uma analista apresenta o caso de um paciente melancólico, difícil e pesado. Por vezes, ele sai da apatia e se engaja em um novo projeto. Enquanto relata isso às pessoas do seminário, ela comenta que nesses momentos *exclama para si mesma: "Ufa, agora vai!"*. Essa frase provém da boca do objeto primário, ao qual a analista emprestou seu corpo e sua alma. Expressa a esperança de que o prolongado sofrimento narcísico de ambos possa chegar ao fim. Que sofrimento? Joel sofre porque sabe que é uma decepção para seu objeto. Ela sofre por ele, mas também porque receia ser transformada na "mãe morta" da criança-em-Joel e deixá-lo, mais uma vez, exposto ao traumático.

Em outra situação ("O amor impiedoso de Jairo"), a analista descreve seu paciente como vingativo e espoliador. Quem está na "plateia" e escuta essas palavras que contêm um evidente juízo moral bem como o tom crítico em que são ditas vê, na cena, "alguém" que não gosta desse paciente. "Quem" fala pela boca da analista é, provavelmente, um aspecto do objeto primário de Jairo. Isso nos ajuda a reconhecer a posição subjetiva – complementar – de Jairo: a de uma criança que ama seu objeto primário com um "amor impiedoso", que é anterior à capacidade de se preocupar com o outro. A irritação da analista, por sua vez, nos dá notícias de "quem" é o objeto primário do paciente: alguém que interpretou essa forma de amor como espoliação e se retirou psiquicamente, deixando a criança exposta ao traumático, àquilo que não tem sentido, e, por isso, não pode ser assimilado pelo psiquismo.

* * *

Retomo agora os casos 1 e 2, apresentados em "1914", (transferência neurótica) e os casos 3 e 4 (transferência não neurótica), apresentados em "1921", para fazer uma síntese comparativa entre a transferência/contratransferência neurótica e não neurótica.

Nos dois primeiros casos:

- O tempo necessário para a simbolização do que está sendo agido é curto. Embora o paciente confunda o analista com uma figura interna, o analista não se confunde: a separação sujeito-objeto não é ameaçada pela transferência;

- Trata-se de uma identificação projetiva normal, uma forma de comunicação que precisa passar pelo *agieren* rumo à simbolização;

- O enquadre não é atacado. Ele é o suporte necessário para o *agieren*. Quando o analista interpreta, sua fala é ouvida como uma interpretação e não como um contra-agir. O *agieren* consiste na atribuição de um papel ao analista. A projeção é facilmente percebida pelo paciente;

- A transferência é a encenação de uma fantasia inconsciente que pode ser facilmente identificada. O analista percebe para que papel está sendo convocado e qual é a cena. Esta não está acessível porque é da ordem do recalcado, mas está "intacta";

- Há atualização de identificações histéricas. O sujeito pôde representar para si mesmo qual é o desejo da figura edipiana e seu desejo/medo é poder realizá-lo (o suposto desejo do analista de segurá-lo em sessão/dar ao analista o tempo necessário para escrever);

- O registro representacional da fala-agida é mais importante do que o registro não representacional. A fala está mais próxima de seu valor simbólico, mostrando um funcionamento em primeira tópica;

- A dimensão mais corporal, mais primitiva, do psiquismo do analista é menos solicitada como caixa de ressonância afetiva. Já a dimensão de jogo está mais presente. O analista percebe o bom momento para interpretar o que já está quase consciente.

Já nos últimos casos:

- O tempo necessário para conseguir simbolizar o que está sendo encenado é maior porque o analista está confundido com os objetos internos do paciente;

- O processo é mais difícil e mais sofrido para ambos porque esses objetos são justamente os objetos internos maus, aqueles que foram fonte de um sofrimento que excedeu a capacidade de simbolização primária do psiquismo em formação;

- O analista estará identificado ao objeto traumatizante ou à criança traumatizada, caso em que "quem fala" pela boca do paciente é justamente seu objeto interno mau (ver discussão sobre o que é objeto primário em "Pequenas notas necessárias", na Parte II);

- O objeto interno mau é uma identificação narcísica primária (constitutiva das próprias bases do psiquismo) que se forma a partir do não simbolizado do psiquismo materno – elementos-beta – tóxico para o psiquismo em formação;

- A contratransferência tem um colorido francamente negativo porque tanto o narcisismo da criança-no-paciente quanto o da criança-no-analista é atacado e sofre;

- A identificação projetiva é patológica porque o analista é "encampado" e passa a fazer parte do círculo vicioso que mantém a repetição sintomática. Por isso, suas interpretações não serão ouvidas como interpretações, mas como um contra-agir. A interpretação tem de ser substituída temporariamente pelo manejo ou pela construção (Freud, 1937);

- O que está sendo agido na transferência são os traços perceptivo-sensório-motores de uma experiência que nunca foi simbolizada, pois a intensidade dos afetos excedeu as possibilidades de elaboração do psiquismo em formação. Por isso, o psiquismo do analista é intensamente solicitado não apenas em sua contratransferência, mas também em sua capacidade de "sonhar o paciente", fazendo construções sobre a cena originária – traumática – que está sendo agida;

- O papel do analista não está claro, precisa ser imaginado por este a partir de sua contratransferência;

- Os traços perceptivo-sensório-motores clivados do psiquismo se presentificam na dimensão não representacional da fala – ritmo, tom, afeto;

- A fala-agida faz um curto-circuito da simbolização. É mera evacuação. Deixará de sê-lo à medida que, e na medida em que, o analista puder imaginar ali (a partir da contratransferência) uma dimensão de comunicação e responder a ela. Ao fazer isso, transforma a repetição estéril em repetição criativa (como no brincar) – criativa de uma nova matriz simbólica produtora de sentido. Não há, como na situação anterior, desvelamento de sentido latente;

- Foi Winnicott (1955) que abriu o caminho para a compreensão e o manejo da transferência do não constituído, em que algo ainda precisa ser criado, diferenciando-o do trabalho clássico de tornar consciente o inconsciente.

1955

Em 1955, Winnicott publica *Formas clínicas da transferência*. Se Klein inovou a partir de sua prática com crianças pequenas, Winnicott traz sua experiência anterior como pediatra. Do ponto de vista da psicopatologia psicanalítica, Klein abriu a possibilidade de tratar a psicose. Ele descobre um novo grupo de pacientes, os "casos fronteiriços, ou fases ou momentos psicóticos que ocorrem ao longo da análise de pacientes neuróticos" (Winnicott, 1955/2000, p. 394), cuja transferência apresenta características próprias. São as organizações psíquicas denominadas distúrbios narcísico-identitários ou não neuróticas.

Esse autor se insere numa linhagem psicanalítica iniciada por Ferenczi, que reconheceu a importância das características reais do ambiente na constituição do psiquismo. Como pediatra, ele viu os bebês sendo cuidados por suas mães. A evidência se impôs de que a mãe não é apenas um objeto que permite a frustração ou gratificação das pulsões nem um mero suporte para as projeções e introjeções do bebê; ela é um sujeito em si mesmo e cuida do bebê a partir das mais diversas fantasias que têm a ver com seu próprio psiquismo. Isso a leva a estar mais ou menos disponível para as necessidades dele, podendo, inclusive, usá-lo para resolver suas próprias necessidades psíquicas.

Winnicott ampliou nosso conhecimento do mundo mental para incluir aquilo que nunca se constituiu. Até então, era a noção de conflito que embasava o pensamento metapsicológico. Com Freud, falava-se em recalque e no trabalho de tornar consciente o inconsciente; com Klein, em cisões na necessidade de integrar ao *self* as partes cindidas. Em alguns casos tratados por Winnicott, ele percebeu que não se tratava apenas de conflito, mas também de *déficit*, isto é, o objeto falhou em aportar elementos fundamentais para a constituição do sujeito ou aportou elementos traumáticos que exigiram do *self* uma amputação do ser. Naturalmente, déficit e conflito não se excluem: são condições clínicas distintas que se articulam e precisam ser reconhecidas para uma melhor condução da análise.

* * *

Winnicott (1955/2000) inicia esse texto dizendo que a teoria psicanalítica foi criada a partir da clínica de pacientes que tinham sido cuidados de um modo suficientemente bom e, por isso, a constituição do ego era um fato consumado.

> *Esse trabalho amplia o conceito de transferência pelo fato de na análise dessas fases (de dependência absoluta) não ser possível considerar o ego uma entidade estabelecida (Winnicott, 1955/2000, p. 394).*

Ele está se referindo a distúrbios na constituição do narcisismo (o ego) e da identidade (o *self*), o que levou diversos autores a falarem em *distúrbios narcísico-identitários*.

Ele relaciona esses distúrbios às falhas na capacidade do ambiente de se adaptar às necessidades do bebê. Essa experiência dolorosa é registrada na forma de uma intrusão, o que interrompe a continuidade do ser. O *self* vai se constituir em torno das reações e das defesas mobilizadas para enfrentar a sucessão de falhas do ambiente. Desenvolve-se um padrão de falso *self* que corresponde ao padrão das falhas. O eu verdadeiro fica protegido, porém empobrecido e não desenvolvido; pode funcionar no dia a dia, mas a pessoa não se sente real e capaz de ter experiências reais.

Esses pacientes não fazem uma neurose de transferência clássica, na qual há um ego intacto capaz de manter defesas contra a angústia relativa aos impulsos do id (libido e agressividade) e de assumir a responsabilidade por eles. Em vez disso, quando entram em análise, regridem à fase de dependência absoluta e fazem uma transferência de tipo fusional. O processo de subjetivação é retomado no ponto em que ficou interrompido.

Essa fase se caracteriza por uma continuidade entre sujeito e objeto – a discriminação ainda não existe, da mesma forma que o bebê e sua mãe formam uma unidade. Por isso, eles se confundem com o analista e com o enquadre. O analista não pode contar com a dimensão do "como se" para interpretar à maneira clássica.

Considerando tudo isso, Winnicott (1955/2000) diz que o analista precisa "se adaptar" a esses pacientes, o que representa uma *mudança de paradigma na técnica.*

∗ ∗ ∗

Duas observações com relação aos termos "regridem" e "se adaptar ao paciente":

- A primeira é de Hugo Bleichmar (1997). O paciente não vai reviver o passado via regressão. Ele também não é um bebê nem o analista é a mãe. O que acontece é que há uma

144   1955

retomada aqui e agora do processo de subjetivação porque as condições que estruturam o psiquismo se assemelham àquelas do passado. A situação analítica recria a relação com um objeto significativo com o qual se estabelecem trocas de natureza pulsional, afetiva e discursiva;

- Com relação a "se adaptar", naturalmente não se trata de fazer ou dizer tudo o que o paciente quer ouvir nem de se engajar em alguma técnica ativa, como fez Ferenczi. "Descobri que não é necessário sair do papel de analista, e que é possível seguir a liderança do inconsciente do paciente [...]" (Winnicott, 1955/2000, p. 395). Entendo que se adaptar ao paciente significa inventar uma técnica "sob medida" para cada situação, porém sempre tomando em consideração o diagnóstico da situação transferencial-contratransferencial. Em "2002-2007", veremos como dois analistas contemporâneos, Dispaux e Ogden, "adaptam-se" a seus pacientes. Essa ideia será amplamente discutida na Parte II.

* * *

Retomo as diferenças apontadas por Winnicott (1955/2000) entre o trabalho clássico com os neuróticos e o trabalho analítico com pacientes que apresentam distúrbios narcísico-identitários. Com estes últimos:

- O manejo é mais importante do que a interpretação: o analista deve criar um ambiente pouco intrusivo – imagino que ele esteja se contrapondo ao que considera um excesso de atividade do analista kleiniano que interpreta a angústia continuamente. Um exemplo de manejo é oferecer uma sustentação concreta, física, por meio de um enquadre que ele possa usar, bem como uma sustentação psíquica por meio do *holding*. Alterações no enquadre (número de sessões, posição deitada ou face a face, cobrança de honorários) podem produzir efeitos analíticos importantes. O caso Rafael (Dispaux, 2002), em "2002-2007", ilustra muito bem a ideia de manejo;

- É importante que o analista reconheça suas falhas quando elas são fonte de sofrimento e de ódio para o paciente. Para Klein (1952/1991), o ódio do paciente também é muito importante, mas é o ódio que ataca e estraga o seio bom. Para Winnicott (1949), o ódio é "realista", pois se dirige a falhas reais do analista. Mais do que interpretar, este deve sobreviver ao ataque (não se defender, não retaliar e nem se deprimir), pois, pela primeira vez o paciente está podendo sentir ódio e atacar. É assim que ele pode começar a se sentir real, em contraste com o falso *self* anterior.

Winnicott não tem a pretensão de fundar uma nova escola, contrapondo-se às outras:

> *Em meu trabalho comprovei que um tipo de análise não exclui o outro [...] Quando um trabalho deste tipo chega ao fim, tem início um trabalho analítico normal – a análise da posição depressiva e das defesas neuróticas (Winnicott, 1955/2000).*

Enquanto Klein e Freud continuam sendo suas referências.

* * *

Hugo Bleichmar (1997) é um analista que transita muito bem por uma grande variedade de autores sem se filiar a nenhum. Ao resenhar o campo da psicopatologia psicanalítica, distingue patologias por conflito, déficit e identificação patológica originária. Quando fala das patologias por déficit, menciona as particularidades no manejo da situação transferencial-contratransferencial nesses casos.

Ele reconhece duas situações na patologia por déficit:

a) O objeto externo falhou em aportar elementos fundamentais para a constituição do psiquismo. Como consequência, certas funções psíquicas essenciais não se desenvolveram.

Por exemplo, pode ter havido um déficit primário de narcisação, seja por falha em especular o filho como valioso, seja por uma antiespecularização em que a criança é vista pelo objeto parental como não valiosa.

Ou então o objeto não conseguiu apaziguar a angústia nem a própria nem a da criança, que passa a ter um déficit na capacidade de regular e de tolerar sua própria angústia.

Ou ainda a criança não pôde desenvolver um sentimento básico de potência porque os objetos não o viram como capaz de se defender, sobreviver e ir conquistando, aos poucos, sua autonomia.

Manejo: o analista pode ter de ocupar lugares e funções psíquicas variadas, desde fazer aquilo que o paciente ainda não tem condições de fazer até oferecer as condições de possibilidade para que ele desenvolva as funções psíquicas deficitárias. Bleichmar (1997) enfatiza a importância do que ele chama de *intervenções reparadoras* do déficit. Por exemplo, tirar o sujeito de dúvidas e angústias, devolver a ele o sentimento de ser e de existir, validar suas percepções e experiências, nomeá-las etc.

b) O objeto foi, ele mesmo, fonte de dor e de angústia – perseguiu, aterrorizou, culpabilizou, controlou abusivamente, rejeitou. A criança precisou se organizar/desorganizar para lidar com sofrimento crônico.

Manejo: ajudar o paciente a simbolizar essa situação de sofrimento que não teve palavras, criando com ele narrativas que façam sentido de tais experiências. Tanto no caso A quanto no B, o analista trabalha de uma maneira mais implicada do que nas patologias por conflito. Winnicott chamaria isso de "se adaptar às necessidades do paciente".

* * *

Na esteira das contribuições de Winnicott (e Bleichmar), quando o analista trabalha com os distúrbios narcísico-identitários, pode ter de "fazer coisas" (manejo) – realizar certas funções psíquicas – que o paciente ainda não tem condições de fazer por si próprio. Reproduzo abaixo um fragmento clínico que ilustra essa situação.

Jasmin (ver Parte II) é uma paciente típica desse tipo de patologia. Um aspecto importante de seu objeto primário é a descontinuidade: ora ele está psiquicamente presente, ora ausente. A experiência da criança-em-Jasmin é de "ser deixada cair no vácuo". É o que se repete na transferência por meio de silêncios prolongados e de "uma tontura que só sinto aqui". Na sessão apresentada pela analista, ao ouvir suas interpretações, tive a sensação de que eram como fiapos de algodão – insuficientes para ajudar a paciente a fazer sentido das experiências cotidianas atuais em que se repete a "queda no vazio". Dessa forma, Jasmin não tem em que se agarrar.

Para não repetir as características do objeto primário, é importante que a analista passe de uma posição mais reservada para outra mais implicada, exercendo ativamente as funções de *holding* e continência (Figueiredo, 2008). Em lugar de uma fala alusiva, que seria adequada caso Jasmin fosse uma neurótica, a analista poderia tentar falar de um jeito que "segurasse" a criança-em-Jasmin: com uma fala mais estruturada, que responde no próprio nível do conteúdo manifesto e que oferece palavras e sentido para a experiência emocional.

Em certo momento, a paciente diz: "Sonhei com Paulo (um ex-namorado de muitos anos atrás). Eu estava com ele. Quando acordei, pensei que tenho dificuldade em me desligar do passado". Em lugar de esperar em silêncio, poderia ser mais interessante dizer algo como: "Sim, há uma dificuldade em se desligar de um namoro que foi importante para você, mesmo se ele te deixava esperando por horas sem uma explicação. Você me contou que ele terminou o namoro e você nunca entendeu o motivo. Ainda não conseguiu digerir tudo isso". A analista estaria fazendo duas coisas ao mesmo tempo: oferecendo um sentido para a experiência da criança-em-Jasmin e um envoltório vocal para segurá-la.

* * *

Roussillon (1999b) fez uma leitura minuciosa de Winnicott a partir de suas referências freudianas. Suas contribuições à compreensão da transferência e contratransferência nos distúrbios narcísico-identitários são fundamentais.

Em *Configurações transferenciais limites* (1999a), afirma que as pessoas – seja o neurótico, o psicótico ou o limítrofe – sofrem pelo "não apropriado de sua história" e se curam simbolizando esses fragmentos de modo a integrá-los à trama de sua organização subjetiva. A simbolização desses fragmentos passa por sua atualização na transferência – *o paciente vai fazer com que o analista viva/sinta/perceba o que ele não pode entender e integrar por ocasião da experiência traumática precoce* – e por sua elaboração na contratransferência.

Assim, o clivado *retorna* na transferência e pode ser simbolizado a partir da contratransferência. Como já foi discutido em "1920", o termo "retorno" costuma ser usado no contexto do recalque e da neurose. O retorno do recalcado produz associações, lembranças, sonhos, atos falhos e outras formações do inconsciente que podemos interpretar. Usando de certa "licença metapsicológica", Roussillon entende que o clivado também retorna, porém como elementos brutos e pré-psíquicos.

Por isso, ele fala em "retorno do clivado". São traços perceptivos, sensoriais, afetivos e motores que serão captados pelo corpo do analista, isto é, com a dimensão mais primitiva de seu psiquismo. Elaborar a contratransferência significa fazer o trabalho psíquico necessário para transformar esses traços em representações – ou, usando a linguagem de Bion (1962), elementos-beta em alfa.

A clivagem a que ele se refere não é a mesma do fetiche, em que duas correntes opostas coexistem lado a lado no eu (Freud, 1927). Também não é a clivagem kleiniana, em que sujeito e objeto estão clivados em um aspecto absolutamente bom e outro absolutamente mau. É a clivagem descrita por Freud em *Esboço de Psicanálise* (1938), em que o eu se amputa de uma parte sua para não fazer contato com a realidade da experiência – a *clivagem no eu*. Para o autor, esse é o mecanismo de defesa comum a todos os tipos de distúrbios narcísico-identitários.

Se a clivagem é a defesa primária comum a esses distúrbios, as defesas secundárias são muito variadas e respondem pela grande diversidade dos modos de apresentação e sintomatologia dos distúrbios narcísico-identitários. Há quadros que podem ser confundidos com uma depressão, em que um psiquismo raso, empobrecido e esvaziado é o que mais chama a atenção; outros em que a tentativa de ligar o trauma se dá no/pelo soma, levando a doenças psicossomáticas; outros, ainda, produzem quadros como o masoquismo, o fetichismo ou o delírio. Também encontramos adições de todos os tipos e distúrbios alimentares.

Enfim, a sintomatologia depende das "soluções" que cada um encontrou para lidar com a ameaça de "retorno do clivado".

* * *

Roussillon (2004) apresenta uma situação clínica em que a "solução" encontrada foi a desobjetalização – termo de Green (2002) que descreve uma das expressões da pulsão de morte, que leva ao desinvestimento maciço dos objetos do mundo e a um vazio emocional. Esses quadros, denominados por Green de psicoses brancas, se opõem àqueles em que o sofrimento narcísico-identitário leva a uma turbulência na relação com os objetos significativos e a atuações dos mais variados tipos – as psicoses vermelhas.

Parafraseando Roussillon (2004): Echo é uma mulher cuja anorexia está em vias de desaparecer por conta do trabalho analítico. Mas sua vida social está ainda muito empobrecida/restrita. Ela corta, aborta e interrompe seus já tímidos movimentos impulsos pulsionais, reprimindo seus afetos. Durante a sessão ela fica frequentemente imóvel, silenciosa, e raramente evoca alguns aspectos de sua vida interior. Eu me digo que ela "anorexiza" o trabalho analítico, mas essa constatação serve mais para mim do que para ela.

Aos poucos ela consegue formular o que se passa com ela quando vem às sessões. Ela chega com certo prazer, cheia de coisas para dizer. Tem vontade de me contar tal ou tal coisa, mas assim que me vê, a fonte e o desejo se esgotam. Fica seca, sem impulso. O que ela tinha a dizer parece subitamente insípido, sem interesse. E isso mesmo antes de ela começar a falar.

Pouco a pouco, um pensamento começa a se tornar formulável. Ela pensa que eu sou um homem muito ocupado, pouco disponível, e que ela é apenas uma pequena coisa bem pouco importante para mim. Progressivamente, esses elementos transferenciais vão poder ser relacionados a algumas particularidades de sua mãe e da história de sua relação com ela. No momento do nascimento de sua irmã, Echo sentiu-se brutalmente desinvestida – sua mãe colocava toda sua atenção no bebê, incapaz de pensar em duas crianças ao mesmo tempo.

Algum reaquecimento pulsional se produz em seguida à perlaboração deste momento de sua história. Mas o fundo de sua relação com o mundo permanece globalmente inalterado. Será necessário perlaborar da mesma maneira as condições do cotidiano de sua vida de criança, muito além do acontecimento singular que foi o nascimento de sua irmã.

Aos poucos vai se desenhando a figura da mãe no cotidiano familiar: uma mulher hiperativa, sempre em movimento, nunca posta em sossego, nunca quieta num lugar, jamais atingível, capturável. À mesa, por exemplo, a mãe se ativa, serve um, serve outro, come de pé num canto da mesa, sem se sentar e sem se aquietar. Ela serve um, serve outro, começa a tirar as coisas da mesa antes mesmo que a refeição termine, ainda há gente comendo. Uma espécie de furacão branco do lar.

Quando Echo faz um movimento na direção dessa mãe, quando tenta uma aproximação, quando tem um impulso, isso não vai longe, não vinga, pois a mãe já está em outro lugar, já se afastou e está ocupada com outra coisa. Ela desliza sobre um objeto liso, inatingível. O élan (movimento) pulsional se quebra, cai, a pulsão se decompõe e se volta para si mesma, se retrai. A vida se restringe no mesmo movimento. O objeto não é "utilizável". A pulsão não pode desdobrar seu movimento.

Serão necessárias a Echo numerosas repetições dessa sequência de movimentos durante a sessão, e o mesmo tanto de interpretações repetidas na transferência sobre o efeito "desagregador" das respostas maternas sobre esses impulsos pulsionais e afetivos, para que mudanças significativas de seu modo de relação à vida pulsional e afetiva possam ser integrados (Roussillon, 2004).

* * *

Entendo que a experiência traumática que ficou clivada tem a ver com "deslizar continuamente sobre um objeto materno inatingível" – a "solução" encontrada foi se retrair da vida, se economizar, anorexizar a existência. A transferência atualiza a retração diante do objeto. Durante meses ou anos, o que o analista vê e sente é um "nada": ela fala muito pouco e quando fala é para dizer que não fez, não foi, não quis.

Mas esse "nada" é justamente o mais importante. É como o número zero – é um signo que torna presente a ausência de algo. Na contratransferência, o analista transforma os traços perceptivos, sensoriais e motores do "nada" na representação de um *movimento pulsional abortado*. Já é parte do processo de simbolização do trauma.

Esse tipo de transferência, que é a transferência do não constituído, dos buracos psíquicos, é difícil de ser identificado porque estamos acostumados a procurar a figura, o que aparece, o que está em positivo; e não o fundo, aquilo que se desenha em negativo.

2002-2007

Termino a primeira parte do livro mostrando como dois autores contemporâneos, com cujo trabalho me identifico, usam os conceitos de transferência e contratransferência em sua clínica. Poderia citar outros, mas estes apresentam, de maneira clara, um trabalho que parte do princípio de que o campo transferencial-contratransferencial é uma unidade indissolúvel formada pelo psiquismo do paciente e do analista. Essa ideia é o fio condutor de todos os capítulos do livro.

Marie-France Dispaux (2002) é uma analista belga em cujo trabalho pode-se reconhecer sua referência a Freud, Winnicott, Bion, Green e Roussillon. Sendo que Green integra elementos de Bion e Freud e Roussillon, Freud e Winnicott. Ou seja, é uma analista da era pós-escolas, que se deixou fertilizar por contribuições de vários matizes.

Thomas Ogden é um psicanalista de São Francisco, Estados Unidos, ligado ao grupo que teve grande influência de Bion em sua formação. Além deste, Winnicott também é uma referência importante.

A primeira apresenta o primeiro ano de análise de Rafael e vai mostrando quase mês a mês as transformações que vão acontecendo no campo transferencial-contratransferencial bem como as hipóteses metapsicológicas que embasam o seu trabalho.

O segundo apresenta uma única sessão na qual um material até então inacessível irrompe e pode começar a ser trabalhado.

Ambos encontram em Bion noções de cunho epistemológico que lhes permitem clinicar com base na ideia de que o campo transferencial-contratransferencial é uma unidade indissolúvel formada pelo psiquismo do paciente e do analista. Exemplo disso são as noções de rêverie, função alfa, transformações, sonhar com/sonhar o paciente etc.

Dispaux (2002)

[O que se segue é apenas um recorte do texto original.]

Rafael tem 38 anos. Nasceu durante o regime ditatorial em um país no qual seu pai era alto funcionário do governo. Aos 6 anos, sua família se muda para a Bélgica. Quando o regime cai, o pai perde o cargo oficial e não pode mais voltar. Tornam-se imigrantes comuns, sem dinheiro. Ele é bem-sucedido nos estudos, se casa, tem um bom emprego. É enviado ao exterior a trabalho quando descompensa e volta para casa, de onde não consegue mais sair. O tom do relato é frio, desencarnado. A fala é pobre, factual. O estilo é muito formal, muito composto. Essa combinação de elementos deixa a analista perdida.

Na terceira entrevista, fala com a mesma frieza do seu ódio aos militares. O clima é pesado, opaco. Acompanhando-o à saída, ela o "vê" vestido com um paletó tipo militar, verde, com botões dourados (meses mais tarde, a analista percebe que o paletó não tinha os botões dourados que havia visto). Ele parece "habitado por um outro" quando se despede, parecendo um militar (os termos entre aspas são dela). Dois aspectos clivados aparecem no campo transferencial-contratransferencial:

- Esse momento alucinatório da analista a coloca em contato com uma parte clivada do eu do paciente, que está invadida, tomada, habitada pelo objeto – o "militar que ele odeia";

- Seu desconforto com o tipo de fala do paciente a coloca em contato com outra clivagem. Esta se dá entre uma parte muito secundarizada de seu funcionamento psíquico, que se expressa por sua maneira de falar preciosista e empolada, e uma parte primitiva, que se expressa por uma angústia indiferenciada que aflora sem representação e sem imagem, captada pela contratransferência.

* * *

A analista oferece ao paciente um enquadre de uma vez por semana face a face. A ideia que sustenta sua decisão faz todo o sentido: é preciso oferecer ao paciente um enquadre que ele possa usar e não um enquadre padrão. Ora, ela já havia percebido que, para Rafael, o simples fato de ter um compromisso em um dia e horário determinados era fonte de angústia e produzia uma desorganização psíquica. Ele não teria condições de usar um enquadre de alta frequência, pelo menos não no início. Em vez de ajudar, seria um peso para ele. Então propõe o mínimo, apostando que, em algum momento, ele perceberá a importância e poderá usar um enquadre com mais sessões. E de fato, depois de um semestre, ele mesmo pede para vir duas vezes por semana. O face a face também tinha a ver com o que ela percebera: o olhar tinha uma função estruturante importante para ele.

Depois de um mês e meio de análise, Rafael diz que teve um sonho bizarro *antes* de adormecer: "Estou num mundo de fogo e sangue". Ele descreve a guerra, o barulho, o furor, o sangue, os gritos, tudo com grande precisão, mas com sua linguagem afetada. O abismo que há entre o que ele conta e como o faz lança a analista num mal-estar quase intolerável. Ele diz: "Depois de ter imaginado tudo isso, por incrível que pareça, consegui dormir bem".

Durante muitas sessões, analista e paciente entram, juntos, nesse mundo de fogo e sangue. Rafael está mais animado, e ela prefere o barulho e a fúria ao deserto afetivo anterior a isso. Nas conversas que se seguiram, primeiro ele assiste sozinho a esse mundo "de dentro de uma bolha"; depois, a mulher e os filhos estão com ele.

Da bolha, surge a imagem da Arca de Noé. A analista já não sabe dizer se a imagem foi dele ou dela, mas não importa. Ela expressa ao mesmo tempo seu desamparo em meio à tempestade e um lugar protegido no qual é possível sobreviver.

A analista percebe que não cabe fazer esse tipo de interpretação, pois a porta recém-aberta pelo paciente se fecharia. Ela prefere ir tecendo com ele o que chama de "tecido associativo". Ela narra versões do mito da Arca de Noé que existem nas várias culturas, oferecendo matéria psíquica para que Rafael possa ir tecendo seus próprios derivados narrativos. Algo novo, diferente daquela frieza cortante tão secundarizada e defensiva, mas também da violência bruta do mundo de fogo e sangue, vai sendo criado entre eles.

Depois disso, ele traz a primeira figura positiva: a avó. Forte e viva, num espaço de paz e liberdade; uma verdadeira democrata. Rafael sonha que está fugindo de uns militares e consegue se esconder na casa dela. É seu primeiro sonho de verdade. O sonho anterior – em que vê um mundo de fogo e sangue antes de adormecer – se parece mais com uma alucinação, um aglomerado de traços perceptivos da experiência pré-psíquica ainda em estado bruto – um sonho evacuatório de elementos-beta. O sonho com a avó já tem elementos propriamente psíquicos – elementos-alfa.

* * *

O embasamento teórico para o tipo de clínica que acabamos de ver segue uma linhagem Freud-Winnicott-Bion. Parte de *Construções em análise* (1937), texto em que Freud diz que, em algumas situações, o analista tem de renunciar ao objetivo de recuperar a verdade histórica. No lugar disso, ele propõe outro tipo de interpretação: as construções ou reconstruções da pré-história esquecida e de uma época anterior à aquisição da linguagem.

Tal trabalho exige um tipo de atividade psíquica do analista que Bion (1962) descreve como rêverie e função alfa, supondo que, entre paciente e analista, se estabelece um tipo de comunicação pré-verbal, no qual o afeto de um entra em ressonância com o do outro, permitindo que o analista se identifique em nível profundo com seu paciente. As interpretações que se originam nesse espaço entre os dois psiquismos, que é o próprio campo transferencial-contratransferencial, mostram ter profundos efeitos transformacionais.

De fato, com um paciente tão desorganizado psiquicamente, não faz sentido pensar em desvelar conteúdos latentes. É necessário ir criando algum sentido onde nunca houve sentido algum. Nos termos de Bion, foi necessário um trabalho inicial de criar um continente psíquico por meio de uma trama discursiva. A trama foi tecida com palavras do paciente e da analista em torno do sonho de fogo e sangue, que se desdobra na imagem da Arca de Noé. Já há uma primeira forma psíquica para a violência e para o caos interno. É o que Roussillon chama de simbolização primária (ver "1920").

A estratégia de usar material pertencente à cultura (as várias versões da Arca de Noé) se justifica porque interpretações que aludissem diretamente a Rafael seriam vividas como intrusivas e intoleráveis. Nas entrevistas, ele havia dito à analista que se recusava a falar de si ou de sua infância. O mito, que é uma formação da cultura, pertence ao espaço transicional, conceito de Winnicott (1963/1983). As significações que traz em si são ao mesmo tempo pessoais e universais. Por isso, poderiam ser usadas por Rafael sem que ele se assustasse demais. Funcionam como o brincar na análise de crianças: o material lúdico é usado para interpretar seus conflitos de forma indireta.

Segundo Dispaux (2002), o trabalho que fazemos com esses pacientes é um trabalho em *coestesia*, um sentir com algo que se dá ao nível da corporeidade, de inconsciente para inconsciente. Oferecemos o nível mais primitivo do nosso psiquismo para acolher a comunicação que provém do nível mais primitivo do psiquismo do paciente:

> *A coestesia me pareceu uma imagem propícia para assinalar quanto essa forma de copensamento está enraizada no pré-verbal, no mundo das sensações em expectativa de forma, bem próximo do corporal (Dispaux, 2002, p. 1480).*

É só num segundo momento que tudo isso poderá ser transformado em palavras.

No começo, a analista tem de sustentar sozinha todo o trabalho psíquico e usa a imagem da arca como se fosse um sonho a dois, estratégia também usada por Ogden (2007). Ela se deixa levar pelo movimento regrediente de seu pensamento, abrindo-se para as identificações projetivas com valor de comunicação. Assim, ela se deixa envolver pela rêverie para sonhar com Rafael. Mas as várias versões da Arca de Noé, objeto transicional, também sonham Rafael – sonham sua catástrofe e sonham a salvação. São formas de exercer a função alfa. Tanto que ele passa do sonho-evacuação para o sonho-pensamento. Graças ao fino trabalho de tessitura psíquica, Rafael reencontra uma continuidade de ser, um envelope psíquico, o que lhe permite fazer seu primeiro sonho por conta própria (o da avó).

Ogden (2007)

[O que se segue é apenas um recorte do texto original].

Logo na introdução, o autor apresenta sua visão do trabalho analítico:

> *A área de sobreposição do sonhar do paciente e do sonhar do analista é o lugar em que a análise ocorre. O sonhar do paciente, sob estas circunstâncias, manifesta-se sob a forma da associação livre (ou em análises com crianças, na forma do jogar); o sonhar acordado do analista em geral toma a forma da experiência de rêverie. Quando um paciente é incapaz de sonhar, esta dificuldade torna-se o aspecto mais difícil da análise (Ogden, 2007, p. 576).*

Em situações desse tipo, ele e o paciente se engajam em um tipo de conversa que ele denomina *"talking as dreaming"* (conversar como se estivesse sonhando). São conversas aparentemente não analíticas, pois versam sobre livros, poemas, filmes, regras gramaticais, etimologia, a velocidade da luz, o gosto de um chocolate etc. Mas esse tipo de conversa acaba criando um clima onírico favorável ao trabalho analítico.

Ele ilustra essa ideia com o caso da Sra. L., uma mulher muito inteligente e bem-sucedida que havia iniciado a análise em função dos intensos tormentos que lhe causavam o medo de que seu filho de 7 anos, Aaron, pudesse adoecer e morrer. Ele relata uma sessão de segunda-feira.

A Sra. L. conta que durante o fim de semana havia relido o romance *Disgrace* (traduzido como *Desonra*), de J. M. Coetzee. Ele e a Sra. L. já haviam conversado brevemente sobre o trabalho de Coetzee no ano anterior. Ela sabia que ele também admirava bastante esse escritor.

A Sra. L. disse: "Há algo sobre esse livro (que se passa na África do Sul pós-apartheid) que me faz querer voltar para ele". O narrador (um professor universitário) tenta se reconduzir para uma vida mais vitalizada – isso se alguma vez de fato ele esteve vivo nesse sentido – por meio de uma relação sexual com uma de suas alunas. Parece inevitável que a menina o denuncie e, quando ela acaba por fazer a denúncia, ele se recusa a se defender. Ele se recusa, inclusive, durante as audiências na reitoria, a repetir as palavras (uma mentira aceitável) que poderiam fazer com que a situação pudesse ser contornada. Assim, ele acaba sendo demitido. É como se ele sentisse a sua vida inteira como uma desonra e que o incidente fosse apenas a mais recente evidência deste estado – evidência que ele não pode e não vai refutar.

Ogden percebe uma vitalidade nova na voz dela. Decide não dizer a ela o que estava pensando – eram falas que teriam o formato padrão de interpretações mutativas (ver o trabalho de Strachey e meus comentários sobre a influência superegoica desse modelo em "1934"). Teria sido como acordá-la de uma de suas primeiras experiências de sonhar em análise, mas entende que era fundamental que fizesse essa interpretação para si mesmo, silenciosamente, para não perder de vista a assimetria analítica e o objetivo terapêutico da conversa.

Então, ele lhe diz que a voz de Coetzee no livro *Disgrace* é uma das vozes mais destituídas de sentimentos que ele já leu na vida. Coetzee deixa claro em cada sentença que ele não quer bordejar as quinas de qualquer experiência humana que seja. Uma experiência é o que é nem mais nem menos.

Ao dizer isso, sentiu como se ele estivesse entrando em uma forma de pensar e falar com a paciente que era diferente de todas as trocas que haviam ocorrido previamente na análise. Para sua surpresa, a Sra. L. continuou a conversa dizendo: "Há algo sobre o que aconteceu entre os personagens e no interior dos personagens – não interessa o quão bizarro possa parecer – que é estranhamente correto".

Ele diz algo que não parecia se seguir ao que havia sido dito: "Você pode ouvir nos livros iniciais de Coetzee um escritor que ainda não sabia quem ele era como escritor ou mesmo como pessoa. Ele parece desajeitado tentando isto ou aquilo. Eu, às vezes, me sinto envergonhado por ele".

Ogden comenta que isso dizia respeito também ao que ele sentia na sessão com a Sra. L., sobre os movimentos desajeitados que ele e a paciente estavam fazendo para começar a pensar/sonhar/falar dessa nova forma.

E diz que a Sra. L. continuou com outra fala que não era uma sequência a esta. Penso que Ogden está sublinhando para o leitor o caráter onírico desse diálogo, em que as conexões secundarizadas foram substituídas pelo processo primário. Ela, que não conseguia falar de outra coisa além do medo de que o filho morresse, começa a associar. E, de fato, a fala seguinte mostra a súbita irrupção de um material "barra pesada", um verdadeiro pesadelo que tem a ver com experiências traumáticas às quais não se tivera acesso até então.

> *Mesmo depois do estupro sofrido pela filha do narrador, e da matança a tiros dos cachorros que a sua filha tanto gostava, o narrador achou uma forma de se segurar nos fragmentos de humanidade que se mantinham vivos para ele (Ogden, 2007, p. 580).*

A seguir, vem um trecho em que a paciente comenta a forma como o narrador passa a trabalhar com uma senhora que funcionava como veterinária e sacrificava os animais que ninguém tinha coragem de matar, evitando, assim, sofrimento maior.

Neste momento da sessão, Ogden comenta que lembrou que a paciente havia contado no início da análise, e de novo uns três meses antes da sessão relatada, que tinha sofrido perdas muito grandes na vida. O pai havia perdido a sua primeira mulher e sua filha de 3 anos em um acidente de carro (a paciente amava profundamente o pai e se sentia muito amada por ele). Fica impactado ao perceber que, por muito tempo, não foi capaz de pensar/sonhar/lembrar e manter vivo nele a enorme (e inimaginável) dor que o pai da paciente e a paciente viveram em relação a essas mortes. Agora, começa a se sentir capaz de sonhar (ou seja, de fazer trabalho psicológico consciente e inconsciente) o sentimento de desgraça e de vergonha vivido pela paciente por estar viva no lugar da primeira mulher e da filha de seu pai e no lugar das partes de seu pai que haviam morrido com elas.

Pensou tudo isso em silêncio. A Sra. L. continua:

> *Nos livros de Coetzee, morrer não é a pior coisa que pode acontecer a uma pessoa. Por alguma razão eu acho esta ideia reconfortante. Eu não sei por que, mas me lembrei de uma passagem que eu adoro do livro de Memórias de Coetzee. Próximo do final ele diz algo como: Tudo que podemos fazer é persistir estupidamente, como um cachorro, repetindo os nossos fracassos (Ogden, 2007, p. 581).*

A seguir, ela ri profundamente, de um jeito novo. Depois ficou séria e disse:

> *Não há nada de glamoroso em fracassos repetidos enquanto eles estão acontecendo. Eu me sinto uma fracassada como mãe. Eu não posso mentir para mim mesma e fingir que minha obsessão com a possibilidade de meu filho morrer não é sentida por ele e não o "mata de medo". Eu não queria colocar desta forma, "mata de medo", mas isto é o que sinto que estou fazendo com ele. Eu estou terrificada com o fato de que eu possa estar matando ele de medo, e eu não consigo parar com isso. Esta é a minha desonra, minha vergonha, minha desgraça (Ogden, 2007, p. 581).*

A Sra. L. chorava enquanto dizia isso. Nesse momento, pareceu claro a Ogden que a resposta emocional do pai da Sra. L. às suas "impensáveis" perdas a mataram de medo. Diz à paciente:

Eu penso que você se sentiu desgraçada a sua vida toda. A dor do seu pai era insuportável, não só para ele, mas para você também. Você não pôde ajudar o seu pai com sua dor inimaginável. A dor dele era uma coisa tão complicada para você, era uma dor muito além do que qualquer pessoa poderia suportar (Ogden, 2007, p. 581).

Esse foi o primeiro momento na análise em que puderam falar não apenas da impossibilidade da paciente em ajudar seu pai, mas também de sua inabilidade em sonhar a sua experiência em resposta à dor do pai. Conversaram ainda sobre a escolha de Coetzee em morar em Adelaide, na Austrália, sobre a decepção de ambos com relação a seus dois últimos livros e sobre muitas outras coisas que Ogden não sabe ao certo se foram nessa mesma sessão ou nas seguintes, ou mesmo o que foi falado por um ou por outro.

* * *

Essa última frase de Ogden nos remete diretamente à narrativa de Dispaux, quando diz que não sabe se a imagem da Arca de Noé foi dela ou do paciente, mas que isso não importa. Não importa porque o material emerge dessa unidade indissolúvel formada pelo psiquismo do paciente e do analista. As interpretações que se originam nesse espaço entre os dois psiquismos – o campo transferencial-contratransferencial – mostram ter profundos efeitos transformacionais.

Dispaux (2002) faz um recorte longitudinal do caso e nos dá a oportunidade de acompanhar as transformações no campo transferencial-contratransferencial ao longo do tempo. Com o recorte de Ogden, podemos perceber a sessão como um balé, em que o psiquismo de um acompanha os passos do outro sem pensar, num ensonhamento mútuo; o balé envolve dois corpos que funcionam como se fossem um: sentem juntos e se movimentam juntos guiados pela coestesia, para usar o termo de Dispaux.

É claro que essa comunicação pré-verbal inconsciente também pode não estar funcionando bem – refletindo as dificuldades de comunicação com o objeto primário – e os dois bailarinos pisam nos pés um do outro o tempo todo. Mas nos dois casos apresentados, essa comunicação pré-verbal inconsciente funciona e permite ao analista se identificar em nível profundo com seu paciente.

No caso de Dispaux, desde o início ela sente na boca do estômago o grau de cisão e a violência do paciente e chega a ter uma microalucinação, que tem a ver com o ódio dele aos militares. Em outro momento (não relatado aqui), a analista se vê como a avó, avançando em direção a ele com passinhos cautelosos. Isso acontece pouco antes de Rafael ter seu primeiro sonho de verdade com a avó.

No caso de Ogden, ele também tinha clivado de sua mente a tragédia da vida da paciente, e é a partir da mente dele que esses elementos retornam quando a paciente começa a sonhá-los em sessão. Além disso, seus comentários sobre o livro do Coetzee não provêm de qualquer apreciação intelectual da obra, mas de sua capacidade inconsciente de identificação profunda com a paciente.

Ao se engajar em conversas aparentemente não analíticas, Ogden faz uma aposta, a mesma de Freud quando descobre a associação livre: o clivado ou o recalcado precisam e vão surgir seja lá como for. A transferência com o analista faz com que esse material seja atraído para a superfície da consciência. O paciente sofre do não simbolizado de sua história, daí uma "compulsão a simbolizar" (Roussillon, 1999a). Nos termos de Bion (1962), o paciente precisa poder sonhar suas experiências emocionais – é uma forma de pensamento inconsciente que mantém o psiquismo vivo.

Para levar o paciente a sonhar, basta dar corda. É o que faz Dispaux quando usa o mito da Arca de Noé que surgiu do "mundo de fogo e sangue" (percebe-se a mesma tonalidade afetiva do material da Sra. L. sobre a menina estuprada e a morte do cachorro). O caso dela parece ser mais trabalhoso porque, como o paciente ainda não está em condições de jogar, ela tem de começar jogando sozinha.

Ogden dá corda usando o livro *Disgrace* como objeto transicional, abrindo uma área de jogo. Quando ela conta sobre o que leu no fim de semana, ele interpreta isso (para ele mesmo) como um convite para jogar – e o texto mostra como ele entra no jogo. O jogo é um suporte concreto necessário e também a ocasião para que o paciente tenha a experiência emocional viva que poderá resultar na constituição de um novo símbolo.

Desse ponto de vista, nada nessa sequência é inocente como seria uma conversa de bar, não analítica: a escolha do livro que a paciente lê durante o fim de semana, os comentários que faz em sessão e os comentários de Ogden. Justamente porque sabe que não é uma conversa de bar, está atento para colher o que esteve cultivando pacientemente mesmo sem saber o que iria brotar. *A posteriori*, podemos ver que tudo se encaminha porque tem de se encaminhar para um material "barra-pesada", mostrando que a dupla se aproxima do traumático: a menina estuprada, o cachorro amado que morre a tiros, os fragmentos de humanidade que sobram desse desastre e o sacrifício de animais para evitar um sofrimento maior.

A fala que brota da paciente alude de forma onírica à desgraça (o livro se chama *Disgrace*) que se abateu sobre a criança-nela. Na sequência, ela consegue lembrar que o pai teve períodos de depressão severa durante sua infância e que ela se sentia responsável por ajudá-lo a se recuperar. Frequentemente, sentava-se com ele por longos períodos enquanto ele "soluçava incontrolavelmente se engasgando em suas lágrimas" (Ogden, 2007, p. 582).

Do ponto de vista psíquico, a desgraça é a impossibilidade de metabolizar o excesso pulsional do pai, o que a obriga a clivar a experiência. Mas quando ela tem um filho, o que estava clivado retorna na forma de um medo irracional e não subjetivado de que ele morra. Um núcleo psicótico se atualizou. A experiência não simbolizada passou do pai para a filha e, agora, dela para seu próprio filho – já que ela mesma diz que o medo dela está matando seu filho de medo.

PARTE II
Seis situações clínicas comentadas

Pequenas notas necessárias

Neste capítulo, abordarei a transferência e contratransferência em seis situações clínicas. As quatro primeiras foram escritas a partir de seminários clínicos coordenados por mim na Sociedade Brasileira de Psicanálise de São Paulo. Essas apresentações trazem necessariamente as marcas dessa instituição, mas acredito que poderão ser úteis para além de seu contexto de origem. As últimas duas são de supervisões.

Optei por trabalhar clinicamente o tema deste livro com o material de seminários clínicos e supervisões. Justifico essa opção por meio da analogia já discutida em "1948-1953" entre o trabalho do ator e o do analista (Pereira Leite, 2005).

Como vimos, o ator oferece seu corpo-alma para dar vida a uma personagem e, durante esse tempo, ele sente, pensa e age de acordo com ele. Nós, que estamos assistindo, nos encarregamos de dar sentido ao que estamos vendo. Ele não precisa sair do palco e se sentar na plateia para entender sua personagem nem como ela se relaciona com as outras.

172 PEQUENAS NOTAS NECESSÁRIAS

O analista, porém, tem de fazer algo nessa linha. Renuncia a ser uma "pessoa real" (suspende seus juízos de valor, suas opiniões pessoais, seus desejos e necessidades) e oferece a matéria viva de seu corpo-alma para encarnar temporariamente o objeto primário de seu paciente. Mas, além disso, de tempos e tempos, tem de se afastar um pouco para observar a si mesmo: o que está sentindo e como está agindo – mais propriamente, *quem ele está sendo*, para daí reconhecer, usando sua imaginação metapsicológica, que objeto é esse. Ou seja, *tem de estar no palco e na "plateia", alternadamente.*

O ator recebe o *script* da personagem a encarnar. O analista recebe apenas a transferência e tem de descobrir sozinho que papel está encarnando; tem de ser objeto da transferência e intérprete da situação na qual está implicado.

Pois bem, na supervisão ou no seminário clínico, há uma ou várias pessoas na "plateia" que podem dar seu testemunho sobre qual é o papel que o analista está encarnando sem saber na cena com seu paciente. Como diz Caper (2002), todo mundo no grupo parece ter uma ideia mais clara do que está sendo projetado no analista do que ele próprio:

> *Embora ninguém esteja em melhor situação para entender um paciente do que o analista que está no consultório com ele (o que é óbvio), não é menos verdade (embora talvez menos óbvio, e bastante paradoxal) que ninguém está, também, em pior situação (Caper, 2002, p. 170).*

Nessas atividades, estou numa posição muito mais confortável do que em meus próprios atendimentos para conseguir transmitir ao leitor, da forma mais clara possível, qual parece ser o *script* que está sendo encenado no palco, enquanto eu estou, por assim dizer,

TRANSFERÊNCIA E CONTRATRANSFERÊNCIA 173

apenas na "plateia" – implicada com minha sensibilidade e meu repertório pessoal, teórico e clínico para dar sentido àquilo que está sendo relatado.

Remeto vivamente o leitor ao fim de "1948-1953", no qual discuto extensamente os fundamentos que nortearão a discussão sobre transferência e contratransferência nas seis situações clínicas que se seguem. Agradeço novamente aos colegas que gentilmente autorizaram a publicação dos seguintes casos:

- A tontura de Jasmin;

- "Ufa, agora vai!" (Joel);

- Jade falava, falava, falava;

- O amor impiedoso de Jairo;

- Não tentar salvar Juliana;

- Joana, que parece, mas não é.

* * *

Antes, um parêntese para uma digressão sobre o lugar e a função do seminário clínico na formação psicanalítica. *Idealmente*, ele cumpre plenamente sua função quando se consegue:

- Formar e desenvolver uma escuta propriamente analítica, de modo a fazer contato com a criança-no-paciente;

- Elaborar coletivamente um pensamento clínico – isto é, metapsicológico – integrando o universal/abstrato da teoria (no recorte teórico comum ao grupo) ao singular/concreto daquele caso;

- Formular uma interpretação sobre o *funcionamento da dupla*. Para isso, é necessário escutar analiticamente não apenas o paciente, mas *a situação total do relato da análise* (Klein, 1952). A contratransferência do coordenador e do

174 PEQUENAS NOTAS NECESSÁRIAS

grupo é usada para captar a dimensão inconsciente da contratransferência do analista;

- Trabalhar com o pressuposto de que todos os interlocutores são analistas "suficientemente bons" e que não estão resistindo à transferência – de modo que a contratransferência não seja atribuída a questões pessoais e entre como mais um elemento para a compreensão da transferência;

- Abordar questões de ordem técnica sobre a condução do caso. Não vejo a técnica como repetição estereotipada de um procedimento que valeria para qualquer paciente. Ao contrário, cada análise exige que o analista encontre soluções singulares para a condução do processo a partir do diagnóstico da situação transferencial/contratransferencial a cada momento.

* * *

A noção de *diagnóstico transferencial* foi formulada por Fabio Herrmann em seu livro *Clínica Psicanalítica* (1991b). Para ele, o processo analítico – como o nado de peito – tem dois tempos. O primeiro, em que o analista mergulha no material para deixar que surja o que tem de surgir; e o segundo, em que emerge para respirar e contemplar o conjunto, tomando em consideração o que surgiu. Esse é o tempo do diagnóstico transferencial, quando o analista tenta desenhar a lógica das emoções que designa posições para ele e seu paciente.

Usarei essa noção de outra maneira, referindo-me ao conhecimento que podemos obter sobre como, de que maneira e para que o analista é convocado pela criança-no-paciente a se identificar com seu objeto primário, perpetuando a repetição sintomática. Nesse contexto, o diagnóstico transferencial não é um saber constituído, definitivo, que rotula o paciente, mas o conhecimento, sempre parcial e provisório, que se pode obter sobre o *funcionamento da dupla*.

* * *

A obra de Herrmann, *Teoria dos campos*, surge entre 1976 e 1979 como revisão crítica e depuração do método da Psicanálise. Não é propriamente uma teoria, mas uma *metateoria*: uma teoria psicanalítica sobre as teorias psicanalíticas. Uma consequência direta de seu trabalho é a relativização do dogmatismo das escolas psicanalíticas.

Para ele, todos os autores têm algo de importante a dizer sobre algum setor do inconsciente, mas nenhum tem a última palavra sobre "o inconsciente como um todo" e muito menos sobre como/o que se deve interpretar. Ele, como tantos autores contemporâneos, entende que a técnica precisa ser inventada para cada caso, em função do diagnóstico transferencial do momento.

Identifico-me com essa postura não dogmática, na qual há espaço para a necessária criatividade do analista. O leitor perceberá que, nas seis situações clínicas relatadas aqui, uso a experiência e o repertório teórico de que disponho (e que procuro ampliar continuamente) sem jargão e conforme a necessidade. A teoria nunca é aplicada ao paciente "de fora para dentro" – ela surge quase como associação livre, "de dentro para fora".

Por exemplo, em "A tontura de Jasmin", Winnicott e Roussillon são os autores que me permitem construir uma pequena teoria para o caso. Já em "Ufa, agora vai! (Joel)", Bleichmar e Green me ajudam a pensar a melancolia do paciente. Nos outros, eu não saberia discriminar cada autor que agora faz parte de mim – referências teóricas variadas foram metabolizadas e simplesmente acontecem por intermédio da minha escuta.

176 PEQUENAS NOTAS NECESSÁRIAS

* * *

Esclareço, a seguir, o que entendo por objeto primário, pois esse conceito será muito usado aqui.

O psiquismo da criança se forma por apoio sobre seu objeto significativo. Este não é uma pessoa (mãe ou pai), mas um amálgama do funcionamento psíquico de pessoas e instituições que se encarregam da sobrevivência física e emocional do bebê. O psiquismo em formação, contudo, não acolhe o que vem de fora de forma passiva, mas responde, interpreta, defende-se, transforma e metaboliza como pode, a partir de si mesmo, mensagens e elementos que lhe chegam do psiquismo dessas figuras.

Esses elementos podem ser do tipo *alfa* (Bion, 1962), simbolizáveis e simbolizantes, passíveis de serem usados pelo psiquismo em formação para fazer sentido de suas experiências emocionais. Esses elementos serão metabolizados e integrados ao eu, constituindo a estrutura enquadrante interna (Green, 2002). Usando a analogia do sistema digestivo, o leite materno pode ser digerido pelo estômago da criança e os elementos assim metabolizados podem ser integrados, tornando-se parte do corpo da criança e contribuindo para seu crescimento. O leite materno pode ser ainda do tipo *beta* (Bion, 1962), que são os elementos tóxicos, não simbolizados, as evacuações provenientes do psiquismo das figuras significativas. Esses elementos também serão metabolizados e incorporados, mas não serão integrados, permanecendo clivados na condição de corpos estranhos.

Usando a mesma analogia, o leite de búfala não pode ser digerido pelo estômago da criança. O corpo não reconhece essas proteínas e, por isso, não pode fazer nenhum uso delas – são elementos tóxicos. Seu destino é serem evacuadas como diarreia – mas aqui chegamos ao limite da analogia. Pois, como proponho num texto anterior, (Minerbo, 2010), os núcleos neuróticos e psicóticos se constituem justamente em torno dos elementos-beta eróticos e tanáticos evacuados pelo objeto primário. Esses elementos são alojados pela psique em formação e originam identificações respectivamente histéricas e narcísicas, que serão repetidas na transferência.

* * *

Cabe aqui uma observação sobre a qualidade erótica e tanática que atribuo aos elementos-beta. Esse termo, intencionalmente aberto e insaturado, foi cunhado por Bion (1962) para se referir às experiências emocionais que a psique é incapaz de metabolizar e usar para seu crescimento. Entendo que ele se contrapunha a um uso excessivamente reificado do conceito de fantasia inconsciente, como fazia Klein, que pretendia conhecer exatamente quais eram os conteúdos das fantasias corporais das crianças e dos adultos, atribuindo-lhes uma dimensão universal.

Mas, ao propor uma qualidade erótica ou tanática, minha intenção não é atribuir conteúdos reificados aos elementos-beta, mas diferenciar o não simbolizado referente às *questões edipianas* das figuras parentais – do não simbolizado referente às suas *questões narcísicas*. Acredito que essa diferenciação é útil porque nos ajuda a entender as enormes diferenças qualitativas que distinguem a transferência neurótica e não neurótica (ver fim de "1948-1953").

Acompanho Ferenczi (1933) quando fala da confusão de línguas entre o adulto e a criança. Ele critica a ideia de que tudo pode ser reduzido a fantasias que se originam da criança. Entende que a sexualidade do adulto é traumática, mas a personalidade da criança ainda é muito frágil para poder se opor a ela, mesmo em pensamento. Assim, a criança acaba internalizando o trauma, "identificando-se com o agressor" (Ferenczi, 1933, p. 102). Laplanche (1988), em *Teoria da sedução generalizada*, segue nessa mesma linha quando diz que o inconsciente parental é transmitido – ou melhor, inoculado – à geração seguinte por meio de significantes enigmáticos. A psique da criança vai metabolizá-los e internalizá-los, originando os objeto-fonte da pulsão, termo usado por Freud (1905) nos *Três ensaios sobre a teoria da sexualidade.*

Percebe-se, com esses dois autores, que o inconsciente parental traumático é internalizado e se transforma numa identificação. Nessa mesma linha, proponho (Minerbo, 2010) que se diferenciem os significantes enigmáticos (cujo sentido, a meu ver, aproxima-se do de elementos-beta) que dizem respeito às questões edipianas daqueles que dizem respeito às questões narcísicas, reconhecendo que eles terão destinos diferentes ao serem alojados pela psique em formação: os primeiros serão recalcados, originando os núcleos neuróticos; enquanto os segundos serão clivados, originando os núcleos psicóticos.

Ou, na linguagem de Laplanche, podemos dizer que os primeiros irão originar o objeto-fonte (o termo é de Freud, e aparece nos *Três ensaios sobre a teoria da sexualidade*, de 1905) da pulsão sexual na primeira teoria das pulsões; já os segundos originariam o "objeto-fonte" da pulsão de morte – a pulsionalidade não ligada, na segunda teoria das pulsões. Com essas aspas, reconheço que a pulsão de morte não tem propriamente uma fonte no mesmo sentido da pulsão sexual; caberia mais falar em repetição cega de identificações tanáticas.

* * *

O objeto primário é, pois, o amálgama resultante dos elementos alfa e beta que se originam no psiquismo das figuras significativas e da resposta que a psique em formação pôde dar a eles. Em outros termos, não é um simples decalque interno da mãe real, mas *a identificação primária que resulta da interpretação que a psique infantil fez (ou não conseguiu fazer) de todas as experiências reais – tóxicas ou não – vividas nos vínculos intersubjetivos precoces.* Tal interpretação constituirá as identificações primárias que instituem, para o sujeito, a matriz a partir da qual ele lerá o mundo e a si mesmo, além de como reagirá a essa leitura. É isso que determina as formas de ser e de sofrer singulares que vão se atualizar na situação analítica.

* * *

O objeto primário exerce, simultaneamente, de forma mais ou menos adequada e sempre de forma inconsciente, as várias funções psíquicas constitutivas do eu. Integrando contribuições de diversos autores, Figueiredo (2009) destaca algumas:

- O *holding* (sustentação) proporciona a experiência de continuidade do ser (continuidade somatopsíquica das referências identitárias e simbólicas);

- O *containing* (continência) proporciona as condições e as vias para que o sujeito possa fazer transformações psíquicas (expansão, criatividade, criação de um repertório simbólico próprio e capacidade para pensar e sonhar);

- O objeto primário introduz, querendo ou não, elementos de sua própria constituição subjetiva. É uma função importante na medida em que o psiquismo em formação tem de funcionar também por conta própria tanto para suprir falhas do objeto primário como para dar sentido às mensagens enigmáticas provenientes dele. Exerce ainda a função de reconhecer, refletir, reciprocar e testemunhar, funcionando como um outro-sujeito empático aos processos psíquicos do bebê.

- O autor conclui que o objeto "bom" é a parte do objeto primário que exerce essas funções de um modo equilibrado e se integra ao ego. O objeto "mau" falha em uma ou várias dessas funções psíquicas, deixando o sujeito exposto ao traumático, isto é, ao sem sentido, ao que não pode ser assimilado por seu psiquismo.

Notar que há uma diferença entre a visão de Figueiredo sobre o objeto bom/mau e a de Klein. Ela usa o termo objeto "bom" ou "mau" para se referir à leitura que a criança faz do objeto externo, mas não considera as características reais que, apesar de incognoscíveis, *existem e afetam a leitura que a criança poderá fazer dele*.

Na discussão das seis situações clínicas, o termo "objeto primário traumatizante" se refere aos aspectos do objeto primário que contribuíram com elementos-beta (tóxicos, não simbolizados) para a constituição do psiquismo da criança. Lembro, mais uma vez, que não se trata de um decalque do objeto externo tal qual, mas do destino que a psique em formação deu àquilo que encontrou no mundo.

* * *

Nos casos que apresento a seguir, faço referência a *posições identificatórias complementares*. São elas que, ao serem "agidas" por analista e paciente, vão constituir o campo transferencial-contratransferencial.

O que significa "complementar"? Num grupo de estudos, um colega que foi engenheiro lembrou que ângulos complementares são aqueles que somam 90 graus. Quando os ângulos x e y são complementares, se um deles mede 20 graus, o outro só pode medir 70.

Podemos partir da medida de x para conhecer y, mas pode acontecer de termos de partir de y para conhecer x. Isso significa que o analista pode estar identificado com o objeto primário, o que nos permite reconhecer a transferência que a criança-no-paciente faz com esse objeto (e seus deslocamentos; ou pode estar identificado com a criança-no-paciente, de modo a reconhecer as características do objeto primário com o qual o paciente está identificado.

Nas duas situações, analista e paciente estão em posições complementares.

* * *

Piera Aulagnier, citada por Charron (1993), estudou o processo identificatório. Ela cria uma ficção para mostrar como o bebê constitui sua primeira identificação complementar à do objeto primário.

Em dada situação de choro inespecífico, a mãe interpreta o choro como fome e oferece o seio ao bebê. Ela faz tudo isso a partir de uma posição identificatória: "aquela que tem exatamente o que o bebê precisa" (notar que ela poderia estar em outra posição, por exemplo, aquela que não tem aquilo que o bebê precisa).

Ao oferecê-lo, faz também uma *oferta identificatória* que é complementar à dela: "você é aquele que demanda exatamente o que eu tenho para te dar". O bebê pode dar várias respostas dependendo também de *como* é feita a oferta.

Uma delas é aceitá-la e identificar-se com aquilo que lhe é oferecido. Torna-se então o "demandante-do-seio" (Aulagnier, 1979) e passa a convocar o seio de forma intencional. Mas pode também responder recusando o seio e a oferta identificatória, tornando-se um bebê anoréxico.

* * *

Segue um exemplo de posições identificatórias complementares.

Uma analista percebe que fica tensa ao atender um paciente. Quando ele conta dos negócios que está tentando fazer, ela tem a sensação de algo desonesto no ar e receia que seja um perverso. Mas ele também fica tenso: "Veja como fico com as mãos suadas quando venho aqui". Isso nos faz duvidar de que seja realmente um perverso. Parece mais um garotinho que comeu mortadela e está arrotando peru com medo de ser desmascarado, o que nos leva a pensar num menininho tentando mostrar para a mãe como já é gente grande.

Nesse contexto, ela pressente que, no fim do mês, ele não pagará o que lhe deve. Mas, para sua surpresa, ele paga, embora com um cheque da esposa. Ela imagina que ele não virá às 7 horas da manhã de segunda-feira, primeira sessão depois das férias, e marca uma entrevista com uma paciente nova nesse horário, mas ele vem conforme o combinado. A analista fica perturbada, pois nada disso é do seu feitio. É, claramente, algo que tem a ver com a transferência.

A contratransferência desenha a transferência, não tanto em seu nível consciente, mas inconsciente – aquele que nos dá notícias da posição identificatória que ocupa na cena analítica. Mas disso ela não tem como falar. Em certo momento da supervisão, traz uma imagem: é como se estivessem num "jogo de gato e rato", em que cada um tem de ficar atento para não ser pego pelo outro.

Nesse momento, podemos colocar em palavras sua sensação de que *tem que ficar esperta para não ser feita de boba pelo paciente*. Ela reconhece que foi por isso que se antecipou ao "cano" que imaginou que levaria e usou o seu horário para uma entrevista. Como nada disso aconteceu, pudemos entender que ela estava atuando identificações profundas de seu paciente, cujo sentido até então permanecia obscuro.

Fomos relacionando tudo isso aos relatos do paciente sobre sua vida profissional, motivo pelo qual procurou análise. Até hoje não se acertou. Entra em negócios grandiosos e acaba dando com os burros n'água. Por exemplo, ele trabalha, mas depois não lhe pagam o que foi combinado. Um sócio fugiu com o dinheiro e sobrou para ele pagar as dívidas. O outro prometeu uma planilha importante para ele, mas não fez. Ele se sente como uma criança de mãos atadas diante de um adulto que abusa do poder de forma arbitrária. Muitas vezes, para não ser feito de bobo, ele tenta dar uma de esperto, mas de um jeito desastrado.

Quando cede o horário do paciente a outra pessoa, a analista está identificada com a criança-no-paciente e o vê como o adulto arbitrário (não vai pagar o que deve e não virá no horário combinado). São essas as identificações complementares que constituem este campo transferencial-contratransferencial. O exemplo mostra como, partindo da contratransferência, podemos reconhecer qual é a identificação que o paciente repete na vida (a criança-boba), convocando repetidamente seus objetos de transferência (no caso, os sócios) a ocuparem o lugar do adulto arbitrário tão temido.

* * *

Além do motivo que apresentei no início deste capítulo, há outra vantagem em abordar transferência e contratransferência por meio de seminários clínicos e supervisões. É que os casos apresentados são, muitas vezes, aqueles em que o analista se percebe trabalhando às cegas ou tomado numa repetição estéril com seu paciente. São ocasiões privilegiadas para tentarmos identificar como analista e paciente estão, naquele momento, colaborando para perpetuar a repetição sintomática.

Ao relatar o caso, o colega comunicará elementos verbais e não verbais preciosos: os afetos que aparecem em seu tom de voz, as palavras e expressões que usa para falar do caso, o clima emocional que seu relato vai produzindo, elementos contidos na própria estrutura de suas interpretações e todos os efeitos variados que o relato produz nas pessoas do seminário.

Todos esses elementos, colhidos principalmente nas brechas do relato, dão a nós informações preciosas sobre as características daquele campo transferencial/contratransferencial. De resto, mantive o essencial do material apresentado, porém editando-o e alterando o que permitiria identificar, seja o paciente, seja o próprio colega.

Há seminários ou supervisões especialmente felizes em que tudo conspira a favor, desde o caso apresentado, o jeito como é apresentado, as colaborações dos participantes e até se o analista que o coordena está num "dia bom". É o caso das situações que relatarei, na quais me foi possível formular uma espécie de "interpretação supervisiva". Procurei apresentar as situações menos como um relatório objetivo e mais como um *ensaio*, no qual me permiti aprofundar e desenvolver algumas das ideias que nortearam a discussão – de resto, irrecuperável.

* * *

É no espírito de chamar a atenção do leitor para tudo isso que apresento as situações clínicas abaixo. Os casos não são apresentados de forma ingênua, mas com a clara intenção de mostrar:

- Como, graças à nossa imaginação metapsicológica, podemos construir o objeto primário que o analista encarna em determinado momento da situação analítica. Em outros termos, como esse objeto ganha corpo por meio da matéria psíquica viva que o analista disponibiliza em cada análise, ou seja, sua contratransferência;

- Como contratransferência e transferência podem ser compreendidas como posições identificatórias solidárias e complementares, de tal forma que a primeira – que nos é direta ou indiretamente acessível pelo relato do analista – desenha a segunda, que só pode ser inferida a partir daquela.

Assim, num primeiro momento, articulo o universal da teoria (mais ou menos dentro do recorte apresentado na Parte I) ao singular de cada caso, esboçando uma pequena teoria "sob medida".

O leitor perceberá que transito por vários autores sem me filiar a uma escola. Em lugar de encaixar o paciente numa teoria, deixo que surja a teoria que mais me ajuda a entender aquele caso.

Em seguida, procuro identificar, a partir da contratransferência, elementos que nos ajudam a imaginar o objeto primário do paciente. Por fim, procuro reconhecer como aquele modo de ser e sofrer se atualiza na transferência e como poderia ser trabalhado.

A insistência nesse foco pode dar ao leitor das seis situações clínicas a impressão de certa homogeneidade na minha escuta e, certamente, ela prejudica a leveza que a discussão ao vivo teve durante o seminário clínico. Contudo, preferi pecar por um excesso explicativo a pecar por falta de clareza.

A tontura de Jasmin

A analista que apresenta o caso diz que esse atendimento produz nela "um estado de mente muito curioso". Sente como se fossem "buracos mentais" nos quais não consegue pensar em nada. Quando percebe, desligou-se do que a paciente está dizendo. Fica desvitalizada.

Jasmin, hoje uma jovem universitária, procurou análise por causa de uma alergia e episódios de falta de ar. Na época, também não sabia que carreira escolher. Esses problemas, que ocuparam as sessões durante um bom tempo, foram resolvidos. Foi então que começaram os "buracos". A paciente vem dizendo que está difícil vir às sessões porque não sabe do que falar.

Ao ouvir o caso, vamos percebendo que Jasmin apresenta uma dificuldade significativa em manter um investimento em seus objetos. Tentou estudar em outra cidade, mas não aguentou. Praticamente não sai de casa ou, quando sai, é colada a uma prima. Teve um namorado que se afastou porque ela não tolerava qualquer proximidade sexual. Olha para os livros, mas não consegue estudar. Há um vazio, um branco.

Em sua paisagem emocional, não há objetos significativos, exceto um namorado que teve 10 anos atrás (Paulo). Quando marcavam um encontro, ele a deixava esperando sem dar notícias por até 4 horas. Ela nunca se queixou. Quando ele a deixou, não entendeu – não entende até hoje. Ele permanece idealizado como "alguém que era parecido com ela".

* * *

Mesmo com esses poucos dados, acredito que é possível esboçar a construção de uma teoria "sob medida" para nos ajudar a pensar esta situação clínica.

Em primeiro lugar, é preciso nunca perder de vista que estamos sempre escutando o material num duplo registro, atual e infantil, já que transferência é justamente essa estranha superposição entre presente e passado.

Assim, quando Jasmin fala de Paulo (ver material clínico abaixo), entendemos que essa figura é o objeto atual que apresenta uma característica – o fato de deixá-la esperando por horas e de ter sumido sem uma explicação – que faz dele um bom suporte para a *atualização do infantil*. Em outros termos, a criança-em-Jasmin faz transferência com Paulo, que é a representação atual do aspecto traumatizante do objeto primário.

Lembro que o aspecto traumatizante do objeto primário são os elementos-beta (eróticos e tanáticos) evacuados para dentro do psiquismo em formação – e que excedem sua capacidade de metabolização. Este caso nos fornece um bom exemplo de elemento-beta tanático: aqui, o objeto primário "se esquece" – possivelmente porque está tentando administrar suas próprias angústias – de que é responsável pela sobrevivência física e psíquica do bebê e o deixa *cair de seu espaço psíquico*. (Ver "Pequenas notas necessárias", em que esclareço a ideia de elemento-beta tanático).

O objeto se desliga do bebê, e essa vivência de súbito desinvestimento é registrada como ameaça à sua (do bebê) sobrevivência. Inscreve-se como traços perceptivos, porém permanece clivada do psiquismo, e pode ser reconhecida nas palavras da analista: "Quando percebe, desligou-se do que a paciente está dizendo".

* * *

Já estamos construindo uma hipótese sobre a natureza da situação traumática. O material sugere – e o diagnóstico transferencial também – que esse objeto falhou na função psíquica de *holding*. Para Winnicott (1963/1983), há dois tipos de bebês: aqueles que tiveram um ambiente confiável e previsível, o que lhes assegura o sentimento de continuidade do ser/existir ao longo do tempo e do espaço; e aqueles que, em função da psicopatologia da mãe, tiveram a experiência de "ser deixados cair" (*to be dropped, to be let down*). "Estes bebês sabem o que é estar num estado de confusão aguda ou num estado de agonia de desintegração" (Abram, 1996, p. 78).

Aliás, o fato de que Jasmin não se queixava de Paulo sugere que esse objeto e essa experiência não são novos para ela. De certa forma, a vivência dolorosa de "ser deixada cair" é familiar e esperada. Nesse sentido, ela continua ligada a Paulo – e poderá se ligar a outros objetos com as mesmas características – porque ele é a representação atual do objeto primário e porque há elementos dessa experiência precoce que nunca foram simbolizados.

A ausência de simbolização determina a compulsão à repetição, que caracteriza a assim chamada "clínica da pulsão de morte". Em lugar de serem recordados, como acontece na análise de neuróticos, esses elementos retornam como alma penada e "se depositam" sobre Paulo e outros objetos atuais. Se o analista puder reconhecer o objeto traumatizante em suas várias roupagens, poderá ajudar a paciente a simbolizar aquilo que se repete. Este objeto poderá, enfim, ser deixado para trás, e a vida pode seguir em frente.

190 A TONTURA DE JASMIN

* * *

Organizar os elementos da história em uma teoria – ainda que muito genérica e provisória – é necessário, mas não é suficiente. É apenas o ponto de partida para esboçar um diagnóstico transferencial – isto é, para reconhecer quais são as posições identificatórias complementares ocupadas por paciente e analista neste campo transferencial-contratransferencial. A analista traz uma sessão para nos ajudar.

Jasmin se deita e, depois de certo tempo, diz:

P – Não sei por que está tão difícil. Me sinto fechada, como se não tivesse nada para falar. Sonhei com Paulo. Eu estava com ele. Quando acordei, pensei que tinha dificuldade em me desligar do passado.

[Silêncio].

P – Acho que só quero saber de festa, sair com colegas [com a prima, que é muito comunicativa]. Acho estranho o jeito que minha prima se relaciona com as pessoas. Cada vez está com um grupinho. A gente frequenta aquele grupinho por três ou quatro meses e depois muda para outro.

[Silêncio].

P – Sei lá, acho estranho ficar mudando. [É uma crítica à prima].

[A analista tem a sensação de que a moça está numa camisa de força, não se move, fica reta e dura no divã. Ela (analista) se sente tomada pelo buraco mental, seu pensamento entrecortado por lacunas. Quando me descreve o tipo de fala da paciente, compara à de um escrivão anotando em voz alta, burocraticamente, os fatos ocorridos].

A – Talvez mudança e movimento ameacem.

P – Vou te contar uma coisa que está acontecendo, talvez tenha alguma coisa relacionada. Eu fecho os olhos e sinto uma tontura. Estou deitada aqui, aí fecho os olhos e a tontura vem. Quando abro os olhos, passa. Eu não estou sentindo em outro lugar, só aqui.

[A imagem que vem à analista é a de um prédio desmoronando, demolido].

A – Talvez medo de se soltar e desabar. Aí fica difícil chegar para a sessão e ficar livre para falar o que vem na sua cabeça. Às vezes, a gente tem que demolir alguma coisa para construir outra.

P – Sinto que esse fechamento é forte. O que me faz voltar é ter visto minha tia ontem. Ela estava com o bebê no colo e, ao mesmo tempo, tentando ligar o celular. Daí ela gritou chamando minha avó [sua mãe], dizendo que era impossível fazer a ligação. Então, pensei no quanto ela era mimada e dependente. Não quero ficar assim.

A – A gente pode pensar que é a criança que, às vezes, impossibilita a ligação, o crescimento.

P – Eu vejo claramente que não quero fazer nada que é chato – estudar, ir à faculdade, cuidar da casa. Mas sei que tenho que fazer. Fico enrolando e comendo.

* * *

Pudemos reconhecer na figura de Paulo uma representação do objeto primário cuja presença descontínua e imprevisível produz a experiência emocional de "ser deixada cair". Agora, esse mesmo objeto ressurge na figura da prima. Jasmin conta – dizendo que "acha estranho" – que ela frequenta um grupinho por três ou quatro meses e depois some, abandonando essas pessoas e se mudando para outro grupo. Ela "deixa o grupo cair" de seu espaço psíquico; na medida em que as desinveste, as pessoas deixam de existir para ela.

A angústia, a imagem do desespero de Jasmin, vem pela figura da tia que não dá conta de duas tarefas simultâneas (segurar o bebê e usar o celular) e precisa da ajuda concreta da mãe, que funcionaria como um terceiro braço – uma parte dela mesma.

Jasmin usa duas palavras para descrever essa tia: "mimada" e "dependente". A palavra "mimada" nos mostra como ela está distante de fazer contato com seu próprio sentimento de impotência, desamparo e desespero. Temos a impressão de que ninguém nunca lhe significou este estado mental como desespero. Aí há um buraco de simbolização.

Quanto à palavra "dependente", ela tem razão: não dá para depender de um objeto cujo psiquismo ora está presente, ora se ausenta e cujo investimento nela não tem continuidade no tempo e no espaço.

Temos aqui um tipo de transferência difícil de ser identificado porque, em lugar de uma figura "em positivo", o analista tem de perceber o fundo, isto é, aquilo que se desenha "em negativo". E o que se desenha é a transferência da relação com um objeto que some/desaparece e que está presente precisamente por sua ausência. O que se transfere é a experiência traumática – que está clivada do psiquismo – de ser deixada, de cair no vácuo.

* * *

Como vimos em "1920", Roussillon (1999a) afirma que o clivado tende a retornar por meio de elementos perceptivo-sensório-motores. Esses elementos podem aparecer por intermédio do paciente e/ou do analista. Jasmin diz que não sabe do que falar, e a analista conta que sente um buraco mental, uma impossibilidade de pensar. São duas experiências emocionais complementares. Assim, entendo também a referência da paciente a uma "tontura que só acontece aqui", a qual repercute na analista como imagem/sensação de um *prédio desmoronando*.

Aqui, percebe-se claramente que, bem mais do que simples reação emocional à transferência, a contratransferência é a oferta da matéria psíquica viva da analista, graças à qual a transferência pode ganhar corpo e ser reconhecida "dentro dela" (analista).

Bion (1962) diria que essa imagem/sensação de um prédio desmoronando provém da rêverie da analista em contato profundo com o inconsciente de sua paciente. Ogden (1996), cuja principal referência teórica é Bion, diria que o "autor" da imagem não é nem o psiquismo da analista nem o da paciente, mas um *terceiro sujeito inconsciente da análise* que é, ao mesmo tempo, as duas e nenhuma delas. Entendo que, para ele, transferência e contratransferência constituem um terceiro sujeito que se forma no espaço intersubjetivo criado pelo par e que se torna acessível ao analista, em parte, por meio de sua rêverie.

Voltando ao caso, o avesso da tontura e do prédio desmoronando (cair no vácuo por falta de *holding*) aparece em mais uma imagem que a analista faz: sua paciente parece estar numa *camisa de força* – não se move, fica reta e dura no divã. Aqui, temos a resposta defensiva inscrita no corpo: a imobilidade reta e dura da paciente. É como se ela estivesse fazendo um auto-*holding*, ou melhor, um super-*holding* por meio de uma camisa de força, que a aperta, mas também a segura com firmeza para que não enlouqueça.

Em todas essas situações, podemos perceber o grau de sintonia entre paciente e analista, que está aberta para captar com seu inconsciente aquilo que provém do inconsciente da paciente.

* * *

Uma observação sobre a contratransferência: sendo ela simplesmente o avesso (o outro lado da moeda) da transferência, aquela é, tanto quanto esta, inconsciente. Vimos isso na Parte I.

Naturalmente, o analista percebe em si *efeitos conscientes da posição contratransferencial* que ocupa. Ele pode nos contar que sente ódio, medo, sono, pena e outros sentimentos. Pode trazer inclusive elementos mais elaborados – esta analista nos fala de seus buracos mentais, da imagem do prédio desmoronando e da imagem da camisa de força.

Sem dúvida, costumamos dizer "senti isso e senti aquilo", descrevendo "minhas reações emocionais" ao paciente. Isso é contratransferência, porém no sentido fraco do termo. E tanto pode ser um ponto de partida precioso para identificar a contratransferência propriamente dita quanto uma maneira de obscurecer e mesmo substituir o sentido forte do termo.

No sentido forte do termo, a contratransferência é inconsciente porque se refere à posição identificatória complementar à do paciente, posição esta que o analista está ocupando sem saber. Ou seja, *o analista fala e sente coisas a partir de uma posição, mas não pode falar da posição em si.*

É nesse nível inconsciente que a contratransferência desenha a transferência e nos ajuda a "adivinhar" (Freud, 1905) qual é a identificação que o paciente está agindo na cena transferencial.

Onde encontrar indícios da posição identificatória complementar da analista, já que, sendo inconsciente disso, ela não nos pode falar?

* * *

Retomemos as falas da analista:

[Silêncio];

[Silêncio];

A – Talvez mudança e movimento ameacem;

A – Talvez medo de se soltar e desabar. Aí fica difícil chegar para a sessão e ficar livre para falar o que vem na sua cabeça. Às vezes, a gente tem que demolir alguma coisa para construir outra;

A – A gente pode pensar que é a criança que, às vezes, impossibilita a ligação, o crescimento.

O objetivo não é julgar se estão certas ou erradas – não há certo e errado e, sim, falas menos ou mais produtivas – mas para interpretá-las como indícios do lugar que a analista está ocupando. Isso porque esse lugar certamente tem a ver com características do objeto primário da paciente.

Sendo assim, vemos que a analista trabalha mantendo certa *reserva*: fica em silêncio com frequência e suas falas são curtas, insaturadas, abertas, um pouco enigmáticas. Se a paciente fosse uma neurótica, acredito que essa postura relançaria o processo de associação livre. O pré-consciente poderia ser mobilizado de maneira bastante produtiva.

Mas sendo uma estrutura psíquica não neurótica, esse tipo de fala vai cair em outro registro. Até porque não estamos mais na primeira tópica, com sua referência ao recalcado, mas na segunda, na qual os mecanismos de defesa são mais primitivos – e entre os quais merece especial atenção a clivagem do eu (Freud, 1938; Roussillon, 1999a).

Vimos que um aspecto importante do objeto primário de Jasmin é a descontinuidade psíquica, o que lhe produz a experiência emocional – que não chega a ser simbolizada e, por isso, é traumática – de "ser deixada cair no vácuo". Essa pequena teoria "sob medida" foi construída a partir da escuta analítica, mas também incide e orienta a escuta analítica subsequente. Por isso, ao ouvir as falas da analista, tive a sensação de que eram como fiapos de algodão doce saindo daquela máquina em que se coloca o açúcar.

Não é um julgamento nem uma super-visão, mas simplesmente uma interpretação. A analista oferece a essa paciente, que tem tanto medo de cair no nada, fiapos nos quais ela não pode se agarrar.

Isso, contudo, não é um erro, mas o desenho do objeto primário da paciente, ao qual a analista está identificada. É um momento necessário ao processo. Identificar-se ao objeto primário para poder reconhecê-lo e, num segundo momento, desidentificar-se para produzir alguma mudança no campo transferencial (Strachey, 1934). Afinal, o que mantém uma identificação em vigência é a identificação complementar.

Mas, de que objeto primário se trata? Podemos imaginar uma figura materna cujo psiquismo produz fiapos de sentido, que não chegam a ser suficientes para ligar a pulsão que ela mesma despertou (Green, 2002).

Com Winnicott, citado por Abram (1996), podemos dizer que o psiquismo materno não dá sustentação à angústia de fragmentação do bebê. Podemos imaginar que o bebê (da tia de Jasmin) que está no colo e ouve o grito angustiado de sua mãe, que não consegue segurá-lo e ligar o celular ao mesmo tempo, sente algo nessa linha.

* * *

Agora, temos elementos para fazer algumas considerações de ordem técnica. Se a construção teórica que fizemos faz sentido, para sair dessa posição identificatória – que seria precisamente a do objeto primário traumatizante – é preciso que a analista passe de uma posição mais reservada para outra mais implicada, em que o analista exerce ativamente as funções de *holding* e continência (Figueiredo, 2008).

Em lugar de uma fala alusiva que produz tontura, pode-se tentar falar de um jeito que "segure" a criança-em-Jasmin – uma fala mais estruturada, que responde no próprio nível do conteúdo manifesto e oferece palavras e sentido para a experiência emocional.

Por exemplo, quando a paciente diz: "Sonhei com Paulo. Eu estava com ele. Quando acordei, pensei que tinha dificuldade em me desligar do passado". No lugar do silêncio, uma fala possível seria: "Sim, há uma dificuldade em se desligar de um namoro que foi importante para você, mesmo se ele te deixava esperando por horas sem uma explicação. Você me contou que ele terminou o namoro e você nunca entendeu o motivo. Está difícil de digerir tudo isso". Ou, quando a paciente diz: "Acho estranho o jeito que minha prima se relaciona com as pessoas. Cada vez está com um grupinho. A gente frequenta aquele grupinho por três ou quatro meses e depois muda para outro". No lugar do silêncio, uma interpretação possível seria: "É, imagino que o grupinho abandonado não tem como entender o que deu nela. Ela não explica por que de repente deixa de sair com aquelas pessoas".

* * *

Finalizo com algumas observações sobre interpretação e transferência:

- Procurei mostrar como a escuta analítica se dirige simultaneamente a dois registros: o atual e o infantil. A fala de Jasmin sobre Paulo é escutada como referência ao atual – sua relação com um ex-namorado – e ao infantil – a relação da criança-em-Jasmin com seu objeto primário, do qual Paulo é apenas o suporte atual. Pois bem, com relação às interpretações, acontece o mesmo. As falas em itálico se dirigem simultaneamente ao registro do atual e do infantil. A analista fala da dificuldade em se desligar do namoro ou da perplexidade do grupinho abandonado, mas não perde de vista que está se dirigindo também à criança-em-Jasmin, construindo para ela uma narrativa sobre as vicissitudes da relação com seu objeto primário;

- As interpretações que imaginei nesse exercício não se referem diretamente à relação analista paciente. Elas não são transferenciais no sentido *descritivo*, mas são transferenciais do ponto de vista *metapsicológico* porque tomam em consideração o diagnóstico transferencial que pudemos construir. A analista só consegue falar dessa maneira se já não estiver na posição identificatória complementar, em que repetia sem saber a falta de *holding* do objeto primário. A fala mais implicada provém de um novo lugar no campo transferencial-contratransferencial. Por isso, entendo que são interpretações transferenciais no sentido mais forte do termo.

No seminário seguinte, a analista conta que fez muita diferença "pôr mais carne" nas interpretações. A paciente trouxe uma poesia de sua autoria cujo título é *Diálogo*.

"Ufa, agora vai!" (Joel)

Joel é um homem de meia-idade, divorciado, com um filho. Está em análise há mais ou menos cinco anos, com frequência de uma sessão por semana. Formado pela Universidade de São Paulo (USP), foi sócio de uma importante empresa à qual dedicou sua vida por décadas. Gozava de excelente posição financeira. Inesperadamente, por ocasião de uma crise do mercado, vários sócios foram dispensados, e Joel também. Recebeu uma quantia de dinheiro considerável pela sua parte e continuou a viver como se nada tivesse acontecido até todo o dinheiro acabar. Não conseguiu se reerguer. Ao perceber sua situação, seus irmãos o acolheram e procuraram ajuda especializada. Até hoje, mora com uma irmã aposentada da qual passou a depender, mergulhando num quadro melancólico.

Nas sessões, permanece em silêncio longo tempo; as coisas demoram a engrenar. Quando fala é para se queixar de que nada dá certo, que ele não vale nada, que está sem ação... Não há contato com uma vida interior, emoções e fantasias. Quando a analista intervém, ele escuta e responde num nível concreto. Seu discurso é tangencial e descritivo, por vezes, prolixo. A analista sente que tem que "tirar leite de pedra" para aproveitar algo do material.

* * *

Como vimos, o objeto primário é o amálgama resultante dos elementos alfa e beta das figuras significativas e da resposta que a psique em formação foi capaz (ou não) de dar a eles. Ao longo desses cinco anos, a analista foi colhendo outros dados significativos que vão desenhando o objeto primário de Joel.

Quando o paciente se apresentou, logo de cara disse ser "temporão". Para ele, isso era uma característica essencial. Investigando um pouco mais, a analista descobre que o sentido que ele atribuía a esse fato era "ter vindo ao mundo para atrapalhar a vida da sua mãe". Sua mãe era uma excelente dona de casa e cozinheira, tinha muito trabalho e filhos para cuidar, e ele a atrapalhava.

Na época de seu nascimento, seu pai faliu e afundou no álcool. Passou a viajar e ausentar-se da casa para fazer bicos e mandar algum dinheiro. Quando presente, "dava show de bebedeira". Passaram necessidades de todo tipo. O casamento acabou.

Sua mãe, uma mulher submissa e desamparada, continuou a fazer o mesmo de sempre: cuidar da casa. Porém, fazia isso mecanicamente, pois estava tomada pelo luto. Havia perdido tudo de uma vez – marido e estabilidade financeira. Além disso, viveu essa perda como humilhação. As filhas mais velhas – ainda adolescentes – passaram a sustentar o lar.

Outra lembrança significativa, uma das poucas recordações da sua infância, é quando o pai, diante das notas baixas que tirara na escola, afirmou: "Ele é retardado, não vai conseguir nada".

* * *

A analista escolhe trazer uma sessão por escrito. Diz que é uma sessão atípica porque há um clima de angústia em vez de apatia.

Um fragmento da fala do paciente: "Trabalhei muito na semana passada. Fechei um negócio. Foi muito cansativo. O cliente não ajudou; cobrou muitos detalhes. Já concluí o trabalho, porém ele nem me pagou porque era pouco dinheiro. Tem aquele outro projeto do qual falei na semana passada, mas é pouca coisa, não dá para contar com isso. O cliente nem vai querer investir. Continua tudo igual".

Diante disso, a analista tenta abordar o clima emocional apontando algo de novo em meio ao mesmo, mas em vão. Ele continua num tom desesperançado: "Nem a TV funciona" etc. Em certo momento, ele volta a falar de quando saiu da empresa: "*Fiquei sem rumo, foi como se tivessem cortado minhas pernas*".

Temos aqui uma representação da perda irreparável do objeto de amor (a empresa), o que provoca um colapso narcísico. Não há separação sujeito-objeto e, por isso, perdê-lo é "como se tivessem cortado suas pernas". A empresa funcionava como eixo de sua identidade, condição para autoestima, autonomia e potência vital. Não ser mais sócio da empresa é vivido por ele como ser remetido ao nada. Os elementos melancólicos vão se tornando evidentes.

* * *

Lembrando que, para Freud (1917), o ódio ao objeto e as autoacusações do melancólico andam juntos, os participantes do seminário perguntaram: ele não sente ódio do ex-sócio? Para nossa surpresa, a analista diz que não. Percebemos então a diferença entre uma teoria geral, que orienta nossa escuta, e uma teoria "sob medida", a ser construída para cada paciente tendo a teoria geral como pano de fundo – no caso, algumas ideias de André Green, como veremos adiante.

Como sabemos, a depressão é apenas um sintoma que pode ocorrer em função de estruturas e dinâmicas psíquicas muito diferentes. Nessa linha, aprecio muito a contribuição de Bleichmar (1997), que não coloca todas as depressões no mesmo saco. Argumenta que, para a psicanálise, diferentemente da psiquiatria, o sintoma não é suficiente para o entendimento do estado depressivo: precisamos também da metapsicologia. Em *Luto e Melancolia* (1917), Freud afirma que, na melancolia, há uma perda, real ou imaginada, de um objeto investido narcisicamente. Mas, como observa Bleichmar, não é a ausência em si mesma do objeto que produz esse afeto penoso, mas *o significado que se atribui a essa perda*.

Para ele, o núcleo comum a todas elas é o sentimento doloroso de *desesperança* com relação à possibilidade de realização do desejo. Mesmo isso não basta, é preciso também que o sujeito se sinta *impotente* para alterar esse estado de coisas, tanto no presente quanto no futuro.

O mesmo autor distingue diferentes caminhos de entrada na depressão. Um deles é o ódio que o superego sádico alimenta em relação ao ego. O sadismo pode ser exercido impondo ao ego ideais inatingíveis e/ou atacando e destruindo sua autoestima. Nos dois casos, estamos diante de depressões narcísicas, em que o sujeito se desvaloriza, sente vergonha por ser como é e se sente indigno do amor do objeto.

Ele reconhece aqui o papel central da identificação: o sujeito pode se identificar com figuras parentais depressivas, mas pode se identificar com a imagem desvalorizada que essas figuras têm dele. Além disso, reconhece a importância de experiências traumáticas, especialmente as perdas precoces. Perdas recentes podem entrar em ressonância com elas, reativando ou potencializando um estado depressivo.

* * *

Voltando ao material clínico, o paciente sente que chegou ao mundo para atrapalhar sua mãe, que estava desamparada e deprimida. Podemos supor uma mãe que, nesse momento, estava psiquicamente morta para sua criança (Green,1988). Ela cumpriu suas obrigações, porém mentalmente ausente. Um objeto primário morto. Além disso, os fragmentos sugerem uma relação indiferenciada e de dependência mútua com o objeto primário – no relato, representado pela irmã.

Segundo Green (1988), há vários tipos/graus de "complexo da mãe morta". O quadro clínico depende do momento em que se produz a depressão/desinvestimento por parte da figura materna. No caso de Joel, a analista imagina que ele já não fosse bebê, pois bem ou mal teve uma vida amorosa, cuidou de um filho que nasceu com malformação congênita e estava estabilizado profissionalmente.

Ela traz uma citação de Green:

> Esses sujeitos têm uma vida profissional mais ou menos satisfatória, casam-se, têm filhos. Por um tempo, tudo parece em ordem. Mas logo a repetição dos conflitos faz com que os dois setores essenciais da vida, amar e trabalhar se revelem como fracassos: a vida profissional, mesmo quando profundamente investida, torna-se decepcionante, e as relações conjugais conduzem a perturbações profundas do amor, da sexualidade, da comunicação afetiva (Green, 1988, p. 255).

"É tal qual meu paciente", diz a analista.

204   "UFA, AGORA VAI!" (JOEL)

Quanto à figura paterna, lê as dificuldades da criança como evidência do seu próprio fracasso e se defende atacando o narcisismo da criança: "Você é retardado, não vai conseguir nada" – injunção à qual o paciente se identifica.

* * *

A partir disso, entendemos que, no caso de Joel, há vários caminhos de entrada na depressão que se potencializam mutuamente:

- De um lado, pensando no papel das *identificações*, há uma identificação narcísica primária com a mãe morta, isto é, com o buraco deixado pelo desinvestimento do objeto primário. É uma identificação em negativo;

- Essa identificação primária será a base sobre a qual vão se constituir as identificações narcísicas secundárias que, no caso de Joel, não são menos desalentadoras. Temos notícias da imagem desvalorizada que a figura do pai lhe transmitiu – que ele é um retardado;

- Ao funcionar como um retardado, vai colecionando fracassos que confirmam essa auto-representação. Joel diz: *"Eu não conseguia me lembrar da legislação, fiz o escritório perder dinheiro"*;

- Por outro lado, na vertente do *trauma*, podemos considerar a perda precoce da mãe como traumática e inferir que o sujeito – preso na compulsão à repetição em suas relações de objeto posteriores – repetirá a antiga defesa diante da mãe morta: o desinvestimento do objeto. Esse trauma inicial será reativado pela rejeição do sócio, a quem ele admirava e considerava "um pai". O único vínculo amoroso que sobreviverá é aquele estabelecido com sua irmã/figura materna;

- Temos ainda a perda da representação valorizada de si ("Não sou mais sócio da empresa") e também a perda do seu referencial de pertencimento (a empresa era sua família, o sócio era "seu pai bom");

- Vemos também a tirania do superego sádico que ataca o ego quando Joel diz que "mereceu ser mandado embora, pois funcionava como um retardado".

* * *

A análise parece estar correndo o mesmo risco de desinvestimento. Por momentos, a analista que apresenta o caso se percebe cansada quando atende esse paciente. Ela também se reconhece ativa demais nas sessões, intervindo mais do que com outros pacientes. A natureza de suas intervenções mostra suas tentativas de resgatá-lo do pântano melancólico ("Veja, há algo novo no que você está dizendo hoje..."). A resposta do paciente e sua adesão à representação fracassada de si ("Nem a TV funciona...") mostra a inutilidade desses esforços. A analista nos conta que precisa fazer um intenso trabalho psíquico para preservar sua função analítica e manter-se viva. Daí seu cansaço.

A pergunta do seminário ("Onde está o ódio ao sócio que o mandou embora?") nos levou à identificação desvalorizada de si ("Sou um retardado, eu mereci"). Essa identificação representa o vínculo inconsciente ao objeto bem como a forma pela qual interpretou sua rejeição: "Se ela (a figura materna) não se interessou por mim é porque eu não merecia mesmo a sua atenção". A criança se sacrifica para manter vivo e idealizado o objeto que, apesar de ser fonte de dor, é amado e necessário.

Em associação a tudo isso, a analista se lembra de algo que o paciente disse sobre o sócio: *"É um excelente profissional, não sei como me aguentou por tanto tempo"*. Vemos aqui as identificações complementares: a idealização do objeto amado se mantém à custa do autodenegrimento.

Nesse ponto, a analista se lembra do que o paciente disse: "*O pior foi o jeito com que me mandou embora. Me fez acreditar que eu não servia mais para nada*". Aqui, o objeto se isenta de toda e qualquer responsabilidade no fracasso dessa relação: se não deu certo é porque Joel não servia para nada. Por outro lado, este aceita a oferta identificatória que o sócio lhe faz, passando a se ver como alguém que "não servia mais para nada". Pode ser que não se sentisse suficientemente potente para recusá-la, mas pode ser que a tenha aceitado por amor ao sócio.

* * *

Embora a construção teórica acima esboçada seja indispensável, não é suficiente. É necessário reconhecer também o que está sendo repetido na situação analítica. Quando o paciente "age" (atua, coloca em jogo, repete) uma identificação x, convoca no analista a resposta conhecida, aquela que é o exato complemento de x – a posição identificatória do objeto primário. Essa convocação pode ser mais ou menos exitosa.

O analista pode se dar conta da convocação da criança-no--adulto, o que lhe permite responder a partir de um lugar de não identificação com o objeto do paciente. Mas pode ser tomado pela força pulsional da convocação transferencial, identificando-se temporariamente com a posição complementar a x. Durante esse tempo, responderá a partir dela. É precisamente essa resposta que permitirá desenhar – como o fundo desenha a figura – a posição identificatória do paciente.

* * *

Quanto mais arcaica e tanática for a identificação narcísica primária que está sendo agida, mais o analista tende a ser tomado, tendo dificuldade em reconhecer a convocação para atuar os aspectos do objeto primário que estão na origem daquele núcleo psicótico. Isso acontece porque somos convocados ao nível de nossa corporeidade (dimensão mais corporal/primitiva do psiquismo) pela linguagem predominantemente não verbal do paciente, oriunda também do nível mais corporal do seu psiquismo. Aqui, a analista está cansada de tentar manter viva essa análise.

Assim, nosso ponto de partida é tentar reconhecer qual é a posição identificatória inconsciente que a analista ocupa na cena transferencial. Temos os elementos conscientes: ela está cansada. Mas para ter acesso aos elementos inconscientes, será preciso escutar seu relato com escuta analítica. Os elementos que nos interessam surgirão nas brechas. Em certo momento, ela conta às pessoas do seminário que, ao longo desses cinco anos, o paciente começou alguns projetos. Eram momentos em que ela se animava, pensando: "Ufa, agora vai!", mas não deram em nada.

Perguntando sobre os tais projetos, descobrimos que são um tanto fantasiosos, oriundos – nas palavras da analista – e de um falso *self*. Tais projetos representam, talvez, suas tentativas de oferecer algo de bom à sua analista para que ela o aguentasse um pouco mais. É como se ele dissesse: "Me dê outra chance, não desista de mim, agora eu vou!". Poderiam ser entendidos como atuações destinadas a encobrir uma verdade emocional dolorosa para a dupla: ele "sabe" que é uma decepção para a analista; e ela, apesar de sua preocupação com o paciente, vai ficando frustrada e irritada. A situação vai chegando a um impasse.

Acredito que essa experiência da dupla, que corresponde de alguma forma à experiência com o objeto primário, está *clivada*. Por isso esse "Ufa, agora vai!" é precioso. Graças a ele, temos acesso ao alívio que a analista sente porque acha que o sofrimento do paciente pode ter fim; mas também e, principalmente, alívio porque vislumbra o fim do túnel para o sofrimento narcísico dela: se o paciente melhorar, ela poderá se ver como boa analista.

* * *

Afinal, "quem" na analista exclama "Ufa, agora vai!"?

Essa expressão emerge da matéria psíquica viva da analista, tocada pela transferência. Emerge dos aspectos primitivos de sua mente que estão em sintonia fina com os conflitos inconscientes do objeto primário de Joel.

Podemos imaginar (usando a imaginação metapsicológica) uma relação precoce marcada pela tristeza da mãe por sua própria situação e também por sua dificuldade em se conectar com a criança temporã – que chegou na hora do infortúnio familiar. Depois de tentar em vão reparar essa mãe absorta em seu luto, Joel recorre ao desinvestimento do objeto materno e à identificação inconsciente com a mãe morta. Daí sua desvitalização.

Em nossa construção, o problema não é a decepção ou a raiva do objeto primário, o que é comum, e, sim, que ele defendeu seu narcisismo atacando o da criança: ele a acusa de ser insuficiente ou insatisfatória. Assim, entendo a fala de Joel quando diz: "O pior foi que meu sócio me fez acreditar que eu não valia nada".

A mensagem "Se você fosse boa eu te amaria" não chega a ser simbolizada pela figura parental nem poderá sê-lo pela criança. O objeto não conseguiu conter em si a angústia ligada a esse conflito, que foi evacuado como elementos-beta dentro do psiquismo do filho. Este se identificou como "aquele que não é suficientemente bom para ser amado".

A psique em formação se organiza/desorganiza para alojar em si os elementos-beta evacuados pela figura parental (Minerbo, 2010). A identificação primária constituída num vínculo com essas características será algo na linha de "sou insuficiente e insatisfatório". Temos notícias disso mediante observação de Joel: "Não sei como ele (o sócio que o mandou embora) me aguentou tanto tempo".

Ao contrário da figura materna, a analista tenta tolerar em si o conflito e adota, ativamente, a postura de manter-se viva e receptiva para a criança-no-paciente. O que não quer dizer que ela não tenha o receio de chegar ao ponto de agir a partir dessa identificação, "expulsando" o paciente de dentro de si (como o sócio e a ex-mulher) e de acabar sendo transformada na mãe morta.

Esse "Ufa, agora vai!" foi tocante. As pessoas do seminário se identificaram com ela e pudemos falar abertamente do sofrimento narcísico, da frustração e raiva que ela vinha sentindo. Pudemos dar legitimidade a afetos difíceis de serem reconhecidos e aceitos para, oportunamente, serem transformados em uma interpretação.

* * *

A partir desse diagnóstico da situação transferencial, foi possível pensar num caminho para essa análise: ir construindo, junto com o paciente, uma narrativa sobre as vicissitudes dessa história emocional. Nos termos de Ogden, é preciso ajudar o paciente a sonhar os sonhos que nunca foram sonhados. Talvez, com isso, o paciente possa se desidentificar do lugar mortífero que ele vem ocupando e atuando pela vida afora.

A narrativa poderia ir entrelaçando três níveis distintos nos quais aparece a mesma dinâmica:

- O ponto de partida poderia ser a história *atual* com o sócio a quem ele decepcionou. É o nível que está mais vivo e próximo de sua consciência já que ele ainda vive a história como se tivesse acontecido ontem;

- A história *infantil* do "temporão" que se via como um peso para a mãe. Nesse nível, o paciente poderá, eventualmente, reconhecer qual foi a leitura que ele fez dos fatos, levando à identificação com o "retardado";

- A história da *análise*, nível no qual a frustração e decepção da analista – parcialmente identificada com o objeto primário de Joel – foram elaboradas e integradas. É a partir dessa nova posição, já desidentificada do objeto primário, que suas intervenções poderão ser operativas.

Além disso, depois do seminário, a analista percebeu quanto seria importante mudar a dinâmica semanal das sessões, que lembravam uma missa, um culto a um morto – à mãe morta.

Segundo Green:

> *Toda a estrutura do sujeito visa uma fantasia fundamental: nutrir a mãe morta, para mantê-la num perpétuo embalsamento. É o que o analisando faz com o analista: nutre-o com a análise, não para viver melhor fora dela, mas para prolongá-la num processo interminável (Green, 1988, p. 261).*

Tomando em consideração os recursos financeiros do paciente, insiste em passarem para duas sessões por semana.

Jade falava, falava, falava

A analista apresenta o seguinte relato:

Jade tem 40 anos, é casada e tem um filho de 10 anos. Procurou-me porque estava pensando em separar-se do marido. Resolveu se casar para mostrar ao namorado anterior que ele não significava mais nada. Ela estava apaixonada quando descobriu que esse tal namorado estava namorando duas ao mesmo tempo. Logo conheceu o marido, que já era bem-sucedido. Foi o único namorado que o pai aprovou.

Nasceu e viveu até seus 10 anos em outro país. A mãe resolveu vir para o Brasil, com os 4 filhos, à procura do marido, que tinha vindo em busca de trabalho há um ano. Chegando aqui, moraram de favor na casa de parentes distantes, e Jade sofreu abuso sexual. Somente a irmã soube disso. Nesse período, apanhavam muito – não podiam aborrecer os donos da casa.

Está em análise há 3 anos. No início, falava compulsivamente, quase sempre tentando justificar o desejo de se separar. Contava detalhes da vida familiar e do comportamento de seu marido.

Dizia que não transava com ele porque não tomava banho e não cortava as unhas dos pés. Depois de algum tempo, durante uma série de reclamações e ao apontar mais defeitos em seu marido, pergunta:

P – Por que eu não me separo?

A –Talvez você tenha medo de perder seu porto seguro.

P – Acho que é porque vou perder patrimônio. Sabe o que uma amiga me disse? Que eu precisava de um pretinho básico. Um cara para sair e outro para ficar em casa...

A – E você fica com medo do que eu penso disso...

A paciente riu e começou a falar de um colega de trabalho no qual ela estava bastante interessada. Dava carona para esse rapaz e, no percurso, conversavam sobre a insatisfação dela com seu marido.

Em muitas sessões, o tema é a relação com esse rapaz. Ela descreve com detalhes as palavras e olhares trocados, o comportamento dos dois no trabalho e fora dele. Jade estava encantada com aquela paquera. *Falava, falava, falava.* Na maior parte das vezes, eram situações em que ela era, claramente, usada e desrespeitada. Ficava confusa, magoada.

Enquanto ouvia esses relatos, eu sentia um sono muito forte. Fazia esforço para ficar acordada. Até que, um dia, pensei que ela estava ali e era como se não estivesse porque eu não conseguia prestar atenção nela. Naquela hora, lembrei que a mãe pedia que ela ficasse escondida embaixo da cama para ver onde o pai esconderia o dinheiro. Ela tinha dito várias vezes que precisava ser invisível porque, se o pai a visse, era capaz de matá-la.

* * *

Há mais material, mas esse será suficiente para tentarmos fazer um diagnóstico transferencial e ensaiar algumas questões sobre técnica.

A analista está perplexa diante de uma paciente muito atuadora. Ela se casa para provar que o namorado anterior não significa mais nada, ataca e despreza o marido (diz que ele não toma banho e não corta as unhas do pé) e está sempre tentando seduzir algum homem em todo e qualquer lugar. Do ponto de vista da psicopatologia psicanalítica, poderíamos pensar em histeria, mas, como veremos, parece mais uma *borderline* com colorido histeriforme.

Em alguns momentos, a analista tenta interpretar ("Talvez você tenha medo de perder seu porto seguro"), mas em vão. Jade não descola do nível concreto ("Não quero perder o patrimônio"). Além disso, não há culpa ou conflito (a amiga disse que tinha que ter um cara para sair e outro para ficar em casa). Tudo isso sugere que não estamos em terreno neurótico.

De fato, a sedução indiscriminada não está a serviço do princípio do prazer. Ao contrário, como qualquer comportamento compulsivo, a sedução é vivida como questão de vida ou morte, tábua de salvação necessária para conseguir manter algum equilíbrio narcísico. Ao mesmo tempo, seduzir parece ser um comportamento aditivo, pois, como qualquer adição, funciona como antidepressivo e ansiolítico, isto é, serve para atenuar angústias primitivas de natureza psicótica.

* * *

Que tipo de objeto primário se pode reconhecer em seu relato? Há vários elementos que, à escuta analítica, vão desenhando a precariedade desse objeto em vários níveis:

- Abandono – o pai sumiu do mapa e a mãe veio ao Brasil procurá-lo;

- Desamparo e falta de lugar no psiquismo do objeto – moraram de favor na casa de parentes;

- Abuso, não necessariamente sexual, mas de poder – a mãe manda que ela fique sob a cama e espione o pai para roubá-lo;

- Violência desse objeto, a qual aparece na figura de um pai que poderia matá-la e de uma mãe a quem não ousava desobedecer.

* * *

Até aí, estamos no plano mais verbal da comunicação. Mas o que acontece no nível não verbal é ainda mais significativo. A analista diz que a paciente "falava, falava, falava". Podemos imaginar esta paciente despejando e entupindo as orelhas da analista com mil relatos cheios de detalhes que parecem ser puro barulho. Depois de tentar isso e aquilo e de se debater inutilmente, a analista nos conta que sente sono, não consegue prestar atenção nela e é como se a paciente não estivesse ali.

Como já foi dito, mas não custa repetir, contratransferência é bem mais do que a reação emocional do analista à transferência; é a oferta de sua matéria psíquica viva para dar forma à transferência, seja a transferência do objeto primário do paciente, seja a transferência da criança-no-paciente. Que objeto primário é esse e que criança-no-paciente é essa? Disso o analista não pode saber simplesmente consultando sua reação emocional (neste caso, o sono e a impossibilidade de prestar atenção).

Tudo o que se pode saber a partir disso é que a analista está precisando se defender de algo. A resistência é, como sempre, reveladora, mas reveladora de quê? Esses afetos terão de nos conduzir a reconhecer a posição identificatória que a analista ocupa sem saber naquela cena. "Quem" a analista sonolenta está sendo? "Quem" a paciente que fala, fala, fala, está sendo?

Como se vê, o sono e a impossibilidade de prestar atenção são apenas nosso ponto de partida para imaginar que a analista está precisando se defender de algum tipo de violência. Refiro-me a uma violência psíquica da qual não tem como escapar, pois tem de ficar ali e ouvir Jade durante 50 minutos. Ela está aprisionada, imobilizada e impossibilitada de fazer outra coisa a não ser ouvir, ouvir, ouvir e, ainda por cima, não conseguir ser escutada.

* * *

Como não pode tapar os ouvidos, ela tem dois recursos: ou ela se desliga e pensa em outra coisa enquanto sua paciente fala, fala, fala; ou então, para tentar sobreviver naquela situação inóspita, *a analista se lembra de que "a mãe pedia que ela ficasse escondida embaixo da cama"*. Aqui entra a escuta analítica, que vai juntando os elementos que serão usados para formular uma interpretação sobre o funcionamento da dupla. É o que chamei, anteriormente, de "interpretação supervisiva".

Embora a analista tenha sugerido que essa lembrança foi uma associação que lhe veio espontaneamente, não soa assim para mim. Para a minha contratransferência, parece mais que a analista precisou ir atrás de uma ideia qualquer, algo que a ajudasse a se manter viva, acordada. A "lembrança" tinha, nesse momento, uma função defensiva: precisava se agarrar a alguma coisa para não submergir no pântano de palavras.

Em outros termos, parece mais uma tentativa desesperada de pensar alguma coisa – qualquer coisa – para tentar existir e sair da condição de passividade a que este tipo de discurso a submete. A palavra *passivação* é mais precisa do que passividade. Passividade sugere que poderia haver atividade, mas a passivação é um estado do qual não se pode sair porque ainda não há um sujeito capaz de fazer isso. Na condição de passivação, o corpo e a mente da criança pequena estão nas mãos do adulto, que pode fazer deles o uso que quiser. Os elementos-beta podem ser introduzidos de maneira violenta sem que ela possa fazer nada para impedir.

* * *

A palavra passivação não foi usada por Ferenczi e não consegui encontrar onde foi que a li, mas certamente tem ligação com o artigo já citado desse autor, *A confusão de línguas entre os adultos e a criança* (1933). Ali, ele diz claramente que a criança, cuja linguagem é a ternura, não tem como se opor às paixões dos adultos. Sua personalidade é ainda muito frágil para isso. No texto, ele se refere especificamente à paixão sexual e ao uso que estes podem fazer do corpo/mente da criança em função de suas próprias necessidades libidinais. Mas acredito que essa ideia se aplica igualmente a outras paixões, como o medo (angústia) e o ódio excessivos.

A paixão do adulto, seja qual for, será traumática para a criança na medida em que ela não tem condições de fazer sentido daquela experiência. E esta se defenderá do abuso e do trauma *identificando-se com o agressor*. Entendo que essa identificação poderá ser agida na transferência, colocando a analista no lugar da criança abusada.

Neste caso, o corpo de Jade parece ter sido usado e abusado por um adulto que a transformou em "orelha" enquanto sua mente foi usada e abusada como "latrina". É muito frequente que o objeto primário não consiga conter em si sua angústia, que transborda e invade quem estiver por perto, e que essa angústia acabe sendo transformada em ódio.

O objeto incapaz de autocontinência buscará um continente psíquico externo para receber esse tipo de evacuação, e a criança poderá ser usada com essa finalidade. Ela viverá essa violência psíquica, porém sem se dar conta disso. Além de não ter como se opor, não pode ir embora. E, como já se disse, o pior é que não tem condições de fazer sentido do uso que o adulto faz dela. Por isso, a palavra "abuso" que a paciente usou cabe perfeitamente, embora em outro contexto. É uma tentativa de interpretar, de começar a simbolizar a experiência traumática com o objeto primário.

* * *

Podemos agora tentar esboçar um diagnóstico transferencial:

- Tem-se a impressão de que, nesse momento do processo, a analista está identificada com a criança-abusada-em-Jade. É isso que a leva a se defender da violência de estar sendo usada como mero objeto – um corpo submetido a um estupro vocal – por uma figura materna que a vê como propriedade sua. Complementarmente, podemos pensar que, na transferência, quem fala, fala, fala, pela boca da paciente é a identificação de Jade à figura materna abusadora.

- As identificações invertidas também podem ser reconhecidas: a analista percebe que a paciente não a escuta. É possível que tenha medo de se transformar em orelha para uma analista que vai falar, falar, falar, correndo o risco de sofrer novo estupro vocal.

* * *

A partir desse diagnóstico, podemos pensar em como conduzir o caso, que, nesse momento, exige muito mais um manejo do que interpretações.

A analista pode dar seu testemunho sobre a experiência de passivação e de ser abusada pelo adulto, com quem Jade está identificada – identificação com o agressor, de que fala Ferenczi (1933).

Evidentemente, não se trata de acusar a paciente de falar demais, mas de conseguir se equilibrar entre dois extremos:

- Ser sensível à sua necessidade de ter um corpo, o da analista, em quem livrar-se do entulho psíquico da semana;

- Mas não permanecer totalmente inerte diante dessa necessidade. Encontrar, em si, um sujeito capaz de opor um mínimo de resistência ao "falar, falar, falar" da paciente. Por exemplo, afirmar algo em nome próprio, discordando de algo, ou simplesmente interrompendo seu discurso para fazer uma observação. Em suma, fazer o que a criança-em-Jade nunca pôde fazer, não porque fosse proibido, mas porque ela nem sabia que essa possibilidade existia.

O amor impiedoso de Jairo

Jairo acaba de voltar de uma longa viagem. Está vinte minutos atrasado para sua sessão. Ainda de pé, tira algo do bolso; algo que a analista pensou que fosse seu pagamento, mas se surpreendeu ao ver que era um "negocinho" bem pequeno. O paciente diz que trouxe da viagem. A analista agradece e o coloca em sua mesa.

As pessoas do seminário sugerem que o "negocinho" poderia ter uma conotação sexual. Mas, para ela, "negocinho" é um "presente insignificante" e diz que se sentiu desvalorizada pelo objeto.

O comentário é importante porque sabemos que nossos pacientes não têm obrigação de nos trazer nenhum presente de viagem, muito menos algo grande. Aliás, mesmo uma lembrancinha minúscula poderia ser recebida com prazer se o afeto que predomina no campo transferencial-contratransferencial tivesse uma tonalidade positiva.

Como veremos, nessa análise acontece o oposto disso; nem os honorários Jairo paga em dia. Por isso, a analista ficou decepcionada e se sentiu desvalorizada. Tudo isso nos ajudará a desenhar a transferência.

* * *

P – Faz tempo, né? Na última terça até daria para ter vindo porque cheguei do aeroporto cedo, mas não vim porque já tinha te avisado que não viria.

Jairo passa a falar da viagem (os museus, os restaurantes) e, depois, sobre a ação que está movendo contra a empresa em que trabalhava. Ele se demitiu há pouco mais de um mês porque trabalhava demais. Queria trabalhar menos e por conta própria.

P – Pensei que ia receber muito mais dinheiro, mas foi apenas x. Eu sabia que eles não faziam acordo, mas pensei que não descontariam o aviso prévio. O advogado falou que eu posso ganhar muito mais.

A analista comenta que não entende por que o paciente, mesmo sabendo que não haveria acordo, está acionando a empresa. Minha contratransferência no seminário registra que a analista está a favor da empresa e contra Jairo. Para entender melhor sua posição contratransferencial, peço que fale mais um pouco sobre essa ação.

Ela acrescenta novos detalhes sobre o tipo de trabalho que ele fazia e sobre sua decisão de sair da empresa. A empresa foi correta, pagou tudo dentro da lei e, agora, ele parece estar se vingando dela. Pode ser, continua a analista, que não seja vingança e que ele simplesmente tenha tomado, de forma onipotente, seu desejo (de receber mais dinheiro) como realidade. O fato é que ele achava que seriam "bonzinhos" com ele, mas, como isso não aconteceu, está se sentindo no direito de acionar a empresa.

* * *

Um dos objetivos do seminário clínico é formar uma escuta analítica. Esse material se presta bem a isso. No nível do conteúdo manifesto, a analista está em dúvida sobre como entender o comportamento do paciente: *vingativo ou onipotente?* Mas num nível latente, penso que ela está em *conflito* consigo mesma – um conflito, até certo ponto, inconsciente.

Ver seu paciente como "vingativo" fere seu ideal analítico na medida em que esse termo implica num julgamento moral. Seria melhor se pudesse vê-lo como onipotente, que, pelo menos, é um termo que remete à psicopatologia psicanalítica. O fato é que gosta do paciente e se propõe a ajudá-lo, mas também sente raiva porque se sente desvalorizada por ele. Veremos de que maneira esse conflito nos ajuda a desenhar o objeto primário de Jairo.

Há outros elementos que chamam a atenção à escuta analítica. A analista diz que a empresa foi *correta*, mas ele achava que seriam *"bonzinhos"*. A diferença entre correto e bonzinho mostra que o paciente tem uma expectativa; faz uma *demanda a um objeto que poderia e deveria ser bonzinho, isto é, lhe prover coisas.* Não sabemos se são coisas da ordem do desejo (prazer-desprazer) ou da necessidade (sobrevivência). Mas tudo indica que, para a criança-no-paciente, a empresa não é só uma empresa: é "alguém" que pode e deve atender à sua demanda infantil. Isso nos ajuda a entender a estranheza da analista diante dessa ação trabalhista.

* * *

Na Parte I, quando fizemos uma breve história comentada do conceito de transferência, vimos que, em 1895, o termo se referia a um "falso enlace" e que, em 1900, ele designava um deslocamento, uma transferência de energia de uma representação a outra.

Em 1905, as transferências passaram a ser

> *reedições, recriações das moções e fantasias [....] vivências psíquicas anteriores não são revividas como algo passado, mas como vínculo atual com a pessoa do médico (Freud, 1905, p. 101).*

Depois, em 1914, Freud menciona também as transferências laterais quando um objeto do cotidiano é investido no lugar do médico. No texto, ele se refere a pacientes que contam tudo para algum confidente entre as sessões.

Mas, como notou Ferenczi (1909), a transferência acontece com várias *figuras atuais do cotidiano* do paciente, e o analista é apenas um caso particular de um fenômeno mais geral. Para ele, o que define a transferência não é o objeto, mas o fato de o sujeito *adotar uma posição sexual infantil em relação a esse objeto.*

Além disso, a transferência é convocada por traços reais do objeto atual. Ferenczi (1909) mostrou que uma postura mais autoritária convoca uma transferência paterna, enquanto uma postura mais acolhedora, uma transferência materna. Muitas vezes, "*elementos irrisórios,* como certos gestos, ou o modo de segurar a caneta, *bastam para engendrar a transferência*" (Ferenczi, 1909, p. 81, grifos meus).

Estou retomando tudo isso porque parece que estamos diante de um caso de *transferência lateral com um objeto atual* – a empresa – diante de quem o paciente assume uma posição infantil. A transferência é lateral porque empresa e analista funcionam como suporte para o mesmo objeto interno. Ou seja, do ponto de vista psíquico, empresa = analista = objeto interno.

Esse é um "falso enlace" difícil de reconhecer. Estamos mais acostumados a ver isso acontecer com o chefe, a esposa ou o vizinho. Mas há casos em que o paciente faz uma transferência fusional com seu cão: se o cão morrer, ele imagina que morrerá junto. Outro se sente perseguido e ameaçado pelo banco porque seu saldo está negativo.

Aqui, a transferência pode ser pensada também em termos de deslocamento, como Freud a pensou em 1900. O que Jairo espera da empresa – que seja boazinha com ele dando-lhe um dinheiro extra – é uma demanda cujo objeto original é a figura materna. Nesse sentido, a demanda está deslocada.

Na linha de pensamento de Ferenczi (1909), quais seriam aqui os *"elementos irrisórios que bastam para engendrar a transferência"*? Quais seriam os traços reais da empresa que poderiam ter despertado esse tipo de demanda por parte da criança-em-Jairo? Talvez o fato de essa empresa ter um bom faturamento mensal, isto é, de ser "rica" aos olhos de Jairo – da mesma forma que o seio é fantasiado como cheio de leite pela criança pequena.

O fato é que, na posição regredida que ocupa nesse momento, ele não concebe a empresa como um objeto que não pode (porque iria à falência) nem deve (porque a lei não a obriga a isso) ficar distribuindo dinheiro extra a seus ex-funcionários.

Como vemos, para a escuta comum, o adulto-Jairo está acionando injustamente a empresa, mas, para a escuta analítica, a criança-em-Jairo faz uma demanda infantil a um seio visto como rico e inesgotável. Isso é transferência.

∗ ∗ ∗

A analista volta a ler o seu relato. Na sessão seguinte, o paciente se atrasa cinco minutos. Tira do bolso o dinheiro do pagamento dizendo: "Deixe eu te pagar antes que esqueça".

224   O AMOR IMPIEDOSO DE JAIRO

P – Na sessão passada, eu estava te contando sobre a ação que movi contra a empresa. Agora, além das horas extras, vou exigir também as comissões dos trabalhos que eu fiz. Conversei com um amigo que se demitiu da empresa em que trabalhava e ele me alertou sobre as horas extras e as comissões. Disse que, se tivesse tempo, também entraria com uma ação.

A analista comenta que tem a impressão de que o paciente está se sentindo espoliado, mas, aparentemente, é ele quem tenta espoliar a empresa.

Jairo fala da discussão que teve com o chefe questionando o novo regulamento sobre documentos internos da empresa. A não observação desse regulamento implicaria numa possível demissão. Ele achava que sua área de trabalho não estaria sujeita ao cumprimento dessas normas. A queixa chegou ao chefe do chefe, que o repreendeu [...]. O advogado vai pedir uma quantia bem superior. Era para ser acordo de cavalheiros, mas eles não quiseram, então... (o que está implícito no tom com que diz isso é que o mau comportamento da empresa não lhe deixou alternativas a não ser mover a ação).

Depois disso, o paciente passa a falar, num tom levemente maníaco, sobre os vários convites de trabalho que vem recebendo desde que saiu da empresa.

* * *

Nesse trecho, surgem novos elementos significativos sobre a natureza da transferência que Jairo faz com a empresa:

- Ele não acha que as normas que a empresa adotou para proteger seus documentos devem valer para ele (para seu departamento);

- Há uma ameaça no ar ("a empresa não foi boazinha, então...");

- Por fim, há um clima um tanto maníaco quando fala dos vários convites de trabalho que vem recebendo. Não há perda nem luto: o objeto já está sendo substituído.

Podemos começar a construir uma pequena teoria sobre a relação de Jairo com seu objeto primário. Em outros termos, sobre *como ele vê o objeto*:

- Além de ser um objeto inesgotável, o objeto não tem necessidades próprias (não precisa proteger seus documentos);

- O objeto pode ser atacado, mordido e espoliado sem dó (não deu o dinheiro por bem, então vai dar por mal);

- O vínculo com o objeto não é afetivo, mas utilitário: o objeto pode ser substituído por qualquer outro que exerça a mesma função e atenda às suas demandas (os novos empregos em vista).

Reconhecemos aqui a descrição que Balint (1951) fez do amor primitivo e que, mais tarde, Winnicott (1963) chamou de *amor impiedoso*. Voltaremos a isso. Começamos a entender por que a analista ficou chateada com o "presente insignificante" e se sentiu desvalorizada por ele: ela vem se sentindo tratada da mesma maneira como Jairo está tratando a empresa. É por isso que está identificada com a última, como se percebe nos comentários depreciativos sobre o paciente – "espoliador" e "vingativo". A tonalidade negativa da contratransferência começa a fazer sentido.

* * *

Não apenas a contratransferência começa a fazer sentido, mas esperamos que lance uma luz sobre a transferência. Por isso, vale a pena nos determos nisso um pouco mais.

Temos visto que a analista disponibiliza sua matéria psíquica viva (a contratransferência) para dar forma e vida ao objeto primário que o paciente está convocando na/pela transferência. Ao encarnar esse papel, a analista certamente sentirá coisas e poderá nos contar o que sentiu: é o nível consciente da contratransferência.

Mas para reconhecer "quem" é esse objeto primário, precisamos usar nossa imaginação metapsicológica e desenhar a posição a partir da qual ela está sentindo aquelas coisas. Pois disso ela não pode dizer nada, já que a posição identificatória contratransferencial é inconsciente.

Afinal, "quem" é o objeto que se sente desvalorizado pelo "negocinho"?

Essa posição identificatória será revelada principalmente pelos elementos não verbais da fala da analista: os afetos que aparecem em seu tom de voz, as palavras e expressões que usa para falar do caso, o clima emocional que seu relato vai produzindo, elementos contidos na própria estrutura de suas interpretações e todos os efeitos variados que o relato produz nas pessoas do seminário.

* * *

Voltando ao caso, no nível consciente, a analista nos contou que vem se sentindo desvalorizada – pelo "negocinho", pelas faltas e atrasos frequentes e também pelos honorários reduzidos e sempre atrasados. Mas é no nível inconsciente que a hostilidade da analista vai ficando mais clara. Como sabemos, não é nada fácil reconhecer e menos ainda aceitar esse tipo de contratransferência. Mas, como mostrou Winnicott (1949) em *O ódio na contratransferência*, é parte essencial da análise dos aspectos psicóticos de nossos pacientes.

Antes de prosseguir, retomo um exemplo de Racker (1948) já visto em "1948-1953". O analista fica irritado com uma paciente que pode, mas aparentemente não quer pagar o valor integral de seus honorários. Ele a descreve como "avarenta". Esse termo – que é um julgamento moral e não uma compreensão metapsicológica de seu comportamento – indica que o analista está numa posição contratransferencial negativa.

Ele até entende, intelectualmente, que a paciente o vê, por identificação projetiva, como um objeto voraz (ele descreve: "como um ladrão"). E que, por isso, ela precisa barganhar para se defender deste objeto. Mas, por estar irritado, não consegue *reagir compreensivamente*. Suas interpretações, embora corretas, expressam a hostilidade no tom de voz – até porque não é fácil ser tratado como um ladrão. Racker diz que o ego do analista é arrastado pela identificação projetiva exitosa. O analista se identifica totalmente com o objeto interno da paciente, transformando-se nele.

Racker identifica o objeto interno voraz a partir da contratransferência negativa. Da mesma forma, só podemos ter notícias do amor impiedoso da criança-em-Jairo a partir de seus efeitos contratransferenciais.

* * *

O seminário clínico é a ocasião privilegiada para articularmos o universal da teoria (dentro de um recorte e sem *aplicar* a teoria ao paciente) com o singular do caso a partir dos elementos que aparecem no campo transferencial-contratransferencial. Como vimos, a contratransferência é fundamental, mas não basta: o analista precisa ter algum repertório teórico sobre essa forma de relação que Balint (1951) denominou *amor primitivo*, e Winnicott (1963), *amor impiedoso – ruthless love*.

Nessa forma de amor, a imediata satisfação de todas as necessidades do bebê é de crucial importância. Não há qualquer consideração pelo objeto. Na linguagem adulta, poderíamos descrever isso como voracidade e espoliação. Mas, do ponto de vista da criança,

228 O AMOR IMPIEDOSO DE JAIRO

o objeto é apenas um objeto a ser usado e descartado quando não servir mais, como o ursinho de pelúcia ou a chupeta.

Esses objetos são muito amados enquanto servem, mas podem ser destruídos tranquilamente quando não servem mais. O ursinho, por exemplo, é muito querido, mas também pode ser rasgado, mordido, atirado na parede, ter seus olhos arrancados e assim por diante. E quando as necessidades do amor primitivo não são satisfeitas, surge um ódio igualmente primitivo. Aqui, vemos Jairo fazendo exatamente isso: ele ataca e morde o seio/empresa para arrancar dele aquilo que é vivido como necessário.

Em vários textos da primeira parte de seu livro *O ambiente e os processos de maturação* e, em especial, em *O desenvolvimento da capacidade de se preocupar*, Winnicott (1963) diz que há um longo percurso entre o amor impiedoso do bebê – que contém uma boa dose de agressão e destrutividade – e o desenvolvimento da capacidade de se preocupar com o objeto amado. Para isso, será preciso chegar a conceber o objeto como um outro-sujeito. Como mostra esse autor, boa parte do desenvolvimento psíquico do bebê depende de seu objeto sobreviver às várias formas de agressividades que vão surgindo ao longo desse percurso. Sendo que, para ele, sobreviver psiquicamente significa: não retaliar, não se defender e não se retrair/deprimir.

* * *

Para que a comunicação entre paciente e analista seja possível, é preciso que este *entenda emocionalmente* em que universo subjetivo vive seu paciente. Em outros termos, é preciso que *sintonize com sua realidade psíquica* – coisa difícil de fazer quando aquela subjetividade produz em nós afetos de tonalidade hostil. Lembro que nosso trabalho é justamente disponibilizar a *matéria viva de nosso psiquismo*. Como uma espécie de barro, ao ser moldada pela transferência, ela faz viver o objeto primário do paciente ou a criança-no-adulto.

No caso de Jairo, ele está numa posição subjetiva a partir da qual não concebe o objeto como um outro-sujeito com necessidades, desejos ou sensibilidade próprios. Ao contrário, ele o concebe como inesgotável e indestrutível – uma "coisa" para ser usada e descartada. Nesse universo subjetivo, as manifestações da alteridade do objeto são vividas como algo que não deveria existir e/ou como uma verdadeira injustiça.

A partir dessa compreensão, já não ficamos espantados quando a criança-em-Jairo vai se queixar ao chefe por achar que o regulamento (que protege os documentos) não deveria valer também para ele: é uma medida vivida como injusta. Visto assim, é possível fazer contato com ele em lugar de hostilizá-lo.

Podemos entender também quando diz, tranquilamente, que a empresa "se recusou a fazer um acordo de cavalheiros, *então...*". Esse "*então...*" mostra que ele se sente plenamente *justificado* em acionar a empresa. Justificado porque, de seu ponto de vista, a empresa *falhou ao lhe impor sua alteridade*. Além disso, ele sente que ela poderia perfeitamente pagar mais, já que é inesgotável, mas não quis. A empresa foi má com ele e merece ser castigada. Por fim, mover a ação não prejudica a empresa, pois ela é indestrutível.

O que antes nos parecia vingança – *e é vingança do ponto de vista da ética do senso comum* – aparece à escuta analítica sob outra luz. Agora, percebemos com clareza que, a partir desta posição subjetiva, ele não poderia sentir, pensar e agir de forma diferente do que fez. E que gratidão ou culpa não fazem sentido nenhum para ele.

Essa compreensão é fundamental para que a analista possa sobreviver à agressão e falta de consideração do amor impiedoso.

Sem isso, a análise chegará a um impasse pela impossibilidade de comunicação: o analista falando uma língua e o paciente, outra.

Sobreviver, contudo, é uma condição necessária, mas não suficiente para conduzir essa análise. Veremos adiante qual poderia ser a estratégia terapêutica.

* * *

Ser alvo desse tipo de amor é uma experiência penosa para a analista de Jairo. Talvez seja análoga à da mãe cujo mamilo é mordido pelo bebê enquanto o amamenta. Algumas mães toleram o conflito entre o amor que sentem pelo filho e a raiva por sua "falta de consideração", mas outras não poderão se impedir de retaliar.

A analista gosta de seu paciente e quer ajudá-lo, mas também sente raiva. Apesar de sua hostilidade, não chega a retaliar: quando recebe o "negocinho", agradece e coloca sobre sua mesa. Quando, na sessão seguinte, o paciente diz que vai pagar logo para não esquecer, apesar de se sentir desvalorizada porque o paciente costuma se esquecer de pagar seus honorários, a analista não diz nada – aguarda até entender melhor de onde vem tudo isso.

Mas é possível que algo dessa hostilidade esteja aparecendo de outras formas, por exemplo, em seu silêncio. Vimos isso no exemplo de Racker (1948): interpretações corretas, mas enunciadas a partir da identificação com o objeto primário da paciente "avarenta". Em seu exemplo, o ego do analista é totalmente arrastado pela identificação projetiva. Aqui, isso acontece parcialmente.

* * *

Estamos, finalmente, em condições de responder "quem" é o objeto que se sente desvalorizado por Jairo, objeto ao qual a analista "deu vida" em sua contratransferência.

Usando nossa imaginação metapsicológica, é possível que seja um objeto com poucos recursos psíquicos – ele mesmo infantilizado a ponto de ter interpretado o amor primitivo como agressão e falta de consideração. Podemos imaginar um objeto que se sentiu espoliado pela fome do bebê, interpretando-a como voracidade. E que, em função dessa interpretação, pode ter ficado, inconscientemente, com ódio, passando a ver seu bebê como "mau". Este, por sua vez, também percebeu, inconscientemente, a hostilidade de seu objeto contra ele, *mas não tinha como fazer sentido de sua experiência*, que ficou clivada – não simbolizada – configurando o trauma primário.

Se isso pudesse ser simbolizado pelo bebê, seria algo como: "Minha mãe está me confundindo com 'alguém' – um objeto interno dela – sem consideração e, por isso, está com ódio de mim; ela não percebe que é assim que os bebês amam o seio; não está aguentando ser minha mãe, e isso me deixa apavorado". Mas como é impossível pensar isso, constitui-se, em torno da experiência não simbolizada, um núcleo psicótico que ficará sujeito ao regime da compulsão à repetição, tanto na vida como na análise.

* * *

Do ponto de vista da estratégia terapêutica, vimos que o primeiro passo é reconhecer o ódio na contratransferência para não o atuar e esperar que a transferência se torne mais clara a partir do desenho do objeto primário de Jairo. Mas, para isso, é preciso entender, emocionalmente, em que universo psíquico se move o paciente. É isso que permitirá à analista transformar a hostilidade em compreensão metapsicológica e *se desidentificar do objeto primário que ela está encarnando temporariamente* – objeto que vê a criança-em-Jairo como má. Já é meio caminho andado.

Ao perceber que está sofrendo em função do amor impiedoso atualizado na transferência, poderá descrever para o paciente *como ele vê a empresa*, o que esperava dela e como se sente justificado em mover a ação.

Num segundo momento, poderá descrever também como vê a analista: um objeto inesgotável e indestrutível, para quem suas faltas e atrasos frequentes ou o fato de não receber os honorários no dia combinado não fazem a menor diferença. A criança-em-Jairo "exige muito e dá pouco" (nas palavras da analista) porque, para ele, a analista é alguém que não sente nada, não precisa de nada e nem deseja nada.

Sabemos que a idealização do objeto pode ter várias funções na economia psíquica do sujeito. Entre elas, a de ser uma construção defensiva contra o desamparo. A criança cria o objeto para ser usado conforme as necessidades de seu ego primitivo. Por isso, num terceiro momento, talvez seja possível começar a questionar com ele o que o leva a ver empresa e analista (e, possivelmente, outros objetos do cotidiano) dessa maneira. Quem sabe possa fazer o luto do objeto inesgotável e indestrutível e percebê-lo simplesmente como humano.

Não tentar salvar Juliana

Juliana é dependente química grave. Seu funcionamento psíquico é marcado por uma grande dificuldade de elaboração de experiências emocionais, o que a leva a atuar o tempo todo.

Em seu discurso, aparece uma figura: um ex-namorado, protagonista de uma cena muito significativa. Estavam juntos quando foram parados por uma blitz. O garoto, apavorado, praticamente a entregou nas mãos dos policiais e fugiu. Ela diz que estes a estupraram. Esse episódio – até hoje, não consegue entender como pôde fazer isso com ela – fez com que Juliana ficasse definitivamente ligada a ele.

À escuta analítica, mais do que um episódio acontecido recentemente, a cena representa a relação traumática com um objeto primário que, tomado pela angústia diante de situações que ultrapassam sua capacidade de elaboração, retira-se psiquicamente, deixando-a entregue a si mesma.

Entender essa cena como representação do trauma precoce significa imaginar que a criança que ela foi pode ter tido experiências cotidianas com essa tonalidade afetiva. As figuras que deveriam ser cuidadosas (namorado) e protetoras (polícia) são fontes de violência emocional. Justamente por isso, não podem ser integradas ao *self*, de modo que Juliana fica ligada a seus representantes externos atuais (o ex-namorado).

* * *

O objeto primário, aparentemente imaturo, não consegue fazer contato com o grau de precariedade psíquica da criança-nela nem lhe oferecer uma sustentação emocional consistente. Seguem dois exemplos dessa dificuldade.

Juliana marcou encontro com sua mãe num shopping, mas se atrasou porque se perdeu. Chega assustada e tenta contar à mãe o que aconteceu. Esta lhe dá uma bronca: "Como você faz uma coisa dessas?!". O relato mostra a posição acusatória do objeto primário, que devolve a identificação projetiva tal qual. Não é de se espantar que a paciente procure acolhimento com traficantes ou na cama de qualquer homem que a queira.

Mesmo sabendo da gravidade de sua dependência química, os pais viajam com frequência, deixando-a sozinha em casa nos fins de semana. Ela aproveita para fazer a festa. Os pais não aguentam entrar em contato com a situação da filha e se defendem negando a realidade.

Naturalmente, a analista fica extremamente preocupada. Tenta fazer contato com a angústia e a fragilidade de Juliana; fala da necessidade de ter um lugar no mundo ou ainda como deve ser difícil perceber que os pais não aguentam saber o que se passa com ela. É um momento em que a analista ainda conversa com a paciente como se fosse uma neurótica, *evitando* a transferência psicótica, como veremos adiante.

Essa *evitação* já é contratransferência, porém uma contratransferência em estado bruto: a analista vai *contra a transferência* (psicótica). Nesse sentido, há um movimento defensivo que, no entanto, faz parte do processo. Esse movimento levará a uma crise, um impasse, uma estagnação: a analista perceberá que interpretar a necessidade de ter um lugar no mundo ou falar de pais que não aguentam sua fragilidade não faz sentido para Juliana, que simplesmente não escuta, passa por cima e continua falando.

* * *

Vejamos uma sessão típica desse momento:

P – Estou triste hoje e estou irritada. Não sei, parece que estou enjoada de tudo. Enjoada da faculdade, de acordar cedo, sempre a mesma coisa. Aquelas aulas de administração! Eu não aguento mais.

Passa a contar detalhadamente e de forma acelerada sobre uma briga com uma colega de classe, na qual esperava que o professor intercedesse em seu favor. E continua:

P – O professor é horrível. Eu faço tudo certo, e ele só reclama. Ele reclama da classe toda. Disse que a gente não vai passar na matéria dele. Ele me deu sete na prova, mas na verdade eu tirei sete e meio. Eu falei para o meu pai, e ele disse para eu falar com o professor. Eu não vou falar nada. É um bando de folgados lá. Eu fico fazendo os exercícios, ninguém ajuda. Uma turminha só fica encostada na parede conversando. Eu não sinto mais vontade de ir lá.

A – Você não se sente reconhecida lá e parece que houve um descaso também, não?

P – É, eu não sei, estou com muita vontade das drogas. Da cocaína é uma vontade distante, mas da maconha, da bala e do doce é muito forte e está cada vez mais forte.

A – Eu me lembrei de quando você me contou que, quando era criança e ia dormir na casa de uma amiga, você ligava para a sua mãe no meio da noite e pedia para ela ir te buscar porque tinha muito mosquito. Será que não é o mesmo sentimento que está tendo de desamparo, e o que você quer com as drogas é um amparo, como uma mãe que aparece na hora do desespero para te acalmar?

P – Eu sinto uma angústia que só passa com as drogas. O Lu fica dizendo que quer me ajudar quando me vê triste. Diz para eu desabafar com ele, mas eu não quero, se não daqui a pouco ele não me aguenta mais. Ele não é meu psicólogo.

A – Você tem também as tuas amigas que parece que gostam muito de você. Inclusive estão cuidando de você, nem fumam maconha na tua frente.

*　*　*

A primeira fala de Juliana, na qual relata a briga, é muito longa e tem uma dimensão importante de descarga da angústia. É uma fala evacuativa, o que sinaliza a transferência psicótica. Mas a coisa aperta para o lado da analista quando a paciente diz: "*É, eu não sei, estou com muita vontade das drogas. Da cocaína é uma vontade distante, mas da maconha, da bala e do doce é muito forte e está cada vez mais forte*".

Nesse momento, a analista se angustia e intervém tentando evitar uma recaída. Em sua primeira fala, tem a esperança de quê, se a paciente entender que busca nas drogas o amparo materno, não precisaria recorrer a elas. Na segunda, gostaria que a paciente pudesse usar as amigas em lugar das drogas.

Esse fragmento mostra um momento de *contradança* transferencial-contratransferencial: uma dá um passo ("Eu preciso das drogas") e a outra acompanha no mesmo ritmo ("Você precisa de amparo"). Ainda não é possível conseguir um distanciamento para fazer outra coisa. Aliás, que outra coisa seria possível fazer?

* * *

Roussillon (1999a) diz que, quando não houve simbolização primária, *a interpretação roda em falso*. Simplificando muito a ideia do autor, já desenvolvida em "1914", a simbolização primária se refere à *primeira representação psíquica* dos traços perceptivos de uma experiência emocional até então em estado bruto (sensorial). Por exemplo, por meio da criação de uma imagem psíquica que já seja um protossentido dessa experiência. Seria como um alimento que passa da condição de cru (supondo que não pudesse ser digerido) para pré-cozido. Simbolização secundária é a transformação dessa primeira representação da coisa bruta em representação-palavra num sentido do qual o sujeito pode se apropriar. O alimento pré-cozido é transformado em cozido.

Retomando, para que a interpretação seja eficaz, é preciso que tenha havido pelo menos algum tipo de representação psíquica da "coisa" em estado bruto. Mas o trauma é justamente aquilo que impede essa primeira transformação, de modo que os traços perceptivos da experiência ficam clivados do psiquismo: o sujeito percebeu e registrou algo, mas não foi capaz de fazer sentido, de se representar o que foi vivido. Nesse caso, os traços da experiência ficam inscritos na dimensão mais corpórea do psiquismo – a corporeidade. Quando se atualizam na transferência, solicitam intensamente a contratransferência num nível igualmente ligado à corporeidade do analista.

Se a interpretação roda em falso, é preciso engenho e arte para encontrar outras maneiras de estar com o paciente. Vimos em "2002-2007" variações de técnica e estilo praticadas por alguns analistas contemporâneos em seu trabalho com pacientes mais perturbados. Uso a palavra "técnica" confiando que o leitor entenderá que não se trata de aprender e reproduzir um procedimento, mas de um caminho que determinado analista encontrou para trabalhar com determinado paciente em determinado momento da análise.

Marie France Dispaux (2002) *sente* a fragilidade narcísica de Rafael já ao telefone quando lhe diz que tem *medo de se perder* a caminho do consultório. Depois de mais ou menos três meses de atendimento, surge uma primeira imagem da catástrofe psíquica: uma espécie de alucinação (um sonho antes de dormir) em que o paciente vê um mundo de fogo e de sangue. Em seguida, ele contempla o desastre de dentro de uma bolha, a qual se transforma, nas semanas seguintes, na imagem da Arca de Noé.

Em lugar de interpretar diretamente o desastre psíquico, ou que a arca é a análise ou qualquer outra coisa do gênero – o que não estaria errado do ponto de vista do conteúdo – ela opta por "cerzir", a partir dessa imagem, algum tecido psíquico que o paciente possa usar. Ela transforma a imagem que alude à situação transferencial num material transicional e interpreta de forma deslocada: conta e reconta as versões desse mesmo mito nas várias culturas.

A ideia da analista é que o mito, uma produção da cultura, tem a capacidade de expressar, ao mesmo tempo, uma verdade universal e singular. Verdade essa que ajudaria Rafael fazer sentido de sua experiência de maneira indireta, sem se sentir invadido e ameaçado. Uma interpretação que aludisse diretamente a ele e à sua história emocional seria excessivamente violenta para que ele pudesse usar.

Thomas Ogden (2007) recorre a livros e filmes pelo mesmo motivo exposto por Dispaux. Nos exemplos que ele dá, no começo, parece uma conversinha à toa, mas logo vemos que a catástrofe psíquica acaba aparecendo assim que as associações começam a fluir – e isso por um motivo muito simples: a catástrofe *precisa* aparecer porque há uma urgência de simbolização.

* * *

Do ponto de vista técnico, sugiro à analista que tente fazer algo nessa linha com Juliana, que, nessa altura, passara a se ausentar com frequência. Veremos, abaixo, como isso aconteceu.

Antes, porém, cabe retomar uma característica importante deste campo transferencial-contratransferencial: a incontinência dos afetos, o curto-circuito do pensamento e a passagem ao ato. Do lado da paciente, as atuações autodestrutivas; do lado da analista, a tentativa de evitá-las. Possivelmente, isso era lido pela paciente como uma crítica a seu modo de ser, ou, pior, como tentativa de privá-la de sua tábua de salvação (as drogas e os traficantes). Para se proteger do que entendia como crítica (e que, de certa forma, era mesmo) e/ou para não decepcionar a analista mais uma vez, Juliana passou a se ausentar.

Já em 1908-1909, Freud dizia a Jung, confrontado com a transferência erótica de sua paciente Sabina Spielreim (a qual queria fazer um filho com ele), que a contratransferência era inevitável, mas deveria ser domada. Nessa mesma linha, aqui, era preciso que a analista conseguisse conter em si sua angústia e desistisse da "operação salvamento" – o que era particularmente difícil, pois a analista tem filhos adolescentes e as atuações de Juliana a tocam de perto.

No entanto, mesmo quando a analista percebe que está identificada a um objeto que se lança numa "operação salvamento", não é fácil abandonar esta posição e manter-se apenas analista: a criança-em-Juliana fará de tudo para convencer a analista de que não adianta apostar nela. Por exemplo, depois de um período de relativa abstinência, anuncia a *rave* a que pretende ir depois de se abastecer na casa do traficante "que é seu amigo".

Ela não diz isso lamentando a recaída, mas comemorando, o que não pode deixar de desanimar a analista, que tende a refluir da operação salvamento para uma posição defensiva de relativo abandono. O paciente também não abandona facilmente posições identificatórias que funcionam como pilares da identidade, mesmo que resultem em sofrimento. Por isso, Juliana comemora a rave.

* * *

A verdade é que ninguém consegue salvar ninguém de si mesmo. No melhor dos casos, ajudamos alguém a tentar se salvar. O resto é onipotência. A boa notícia nisso tudo é que renunciar à operação salvamento poderia abrir espaço para escutar outra coisa. E, de fato, no meio do *relato agido* de mais uma *rave da pesada,* Juliana se referia, por vezes, a Luiza, uma amiga em dificuldades.

É uma amiga que teve um filho ainda adolescente. O pai da criança "não está nem aí". Sua mãe também "está em outra". Juliana conta que está brava porque Luiza sumiu por vários dias. Quando finalmente apareceu, disse que não sabia para onde ir e foi, novamente, procurar o pai da criança. Juliana lhe dá uma bronca dupla: por ter sumido e por ter ido procurar aquele cara que já provou mil vezes que não vale nada.

Reconhecemos aqui o mesmo objeto representado pelo ex-namorado, aquele que lhe virou as costas e a deixou nas mãos dos policiais. Agora, temos a mãe de Luiza, que "está em outra", e o pai da criança, "que não está nem aí". Enfim, os contornos de um objeto que não aguenta fazer contato nem com sua angústia nem com o desamparo de Luiza/Juliana, e as abandona, vão ficando muito nítidos.

Vemos, também, a própria Juliana identificada com sua figura materna: incapaz de reconhecer, nomear e, menos ainda, conter sua angústia, transformando-a em bronca ("Fiquei com muita raiva da Luiza").

Refletindo, como num espelho, a irritação de Juliana com as atuações de Luiza, a analista, maciçamente convocada pela transferência, também se identifica com a figura materna de Juliana: capto no tom com que relata mais uma atuação de sua paciente uma mistura de desespero, impotência e irritação.

Diante desse material e já sabendo que interpretações clássicas não fazem sentido para Juliana, a analista poderia usar um recurso técnico comum em análise de crianças. Quando esta traz algum personagem que, na escuta do analista, representa a criança – um boneco, uma personagem de livro ou filme – este conversa com o brinquedo/personagem, mas quem escuta é o pacientinho. Com Juliana, valeria a pena tentar um caminho parecido: falar sobre a *personagem Luiza* apostando que a conversa fará sentido para a criança-em-Juliana.

A analista pode ir narrando para Juliana o sofrimento de Luíza, cuja mãe "está em outra", e que, para não ficar solta no mundo, agarra-se ao pai da criança que, no entanto, é outro "perdido".

Poderia também dizer que o sumiço de Luiza não quer dizer que ela não se importe com Juliana; talvez se importe tanto que não quer levar mais uma bronca ou decepcionar a amiga por ter feito besteira consigo mesma de novo. Seria uma interpretação da transferência, só que deslocada para o material transicional.

* * *

Uma observação importante sobre esse tipo de interpretação. Vimos na Parte I que, segundo Strachey (1934), a interpretação mutativa, aquela que consegue reverter o vicioso negativo do sintoma em círculo virtuoso, é a interpretação transferencial. Quando o analista não responde como o "superego mau" do paciente, este poderá internalizar a nova experiência e se identificar com um objeto bom. A interpretação extra-transferencial, segundo ele, pode ser útil, mas não será mutativa.

Certamente não era a intenção dele – o artigo não tem um tom dogmático – mas, em certos grupos, a interpretação mutativa acabou virando uma doutrina, isto é, um modelo de como deveria ser o trabalho analítico. Em uma leitura – a meu ver, simplificada – que pode ser feita do texto, as interpretações têm de se referir ao analista para serem transferenciais. Essas ideias têm funcionado como um superego que atormenta muitos analistas em formação.

Na minha experiência, tudo depende do tipo de paciente, isto é, de sua psicopatologia. Muitas vezes uma "interpretação transferencial" é ignorada porque não faz sentido. Já um tipo de conversa como o que foi proposto é, do meu ponto de vista, uma interpretação na transferência. E isso por dois motivos:

1. Há uma nova experiência emocional em curso no campo transferencial-contratransferencial, o que poderá resultar na internalização e identificação com um bom objeto, como diz Strachey.

Juliana pode sentir, talvez pela primeira vez na vida, que existe alguém que faz contato emocional com o impasse dramático em que se encontra e que pode ser sintetizado como se segue: "Preciso me agarrar ao objeto, mesmo sendo mau, para não ficar à deriva". Em outros termos, há uma experiência emocional nova sendo inaugurada neste campo transferencial-contratransferencial. O paciente *sente concretamente* o que é estar com um objeto que entende o que o angustia. Mas, principalmente, aguenta entender e estar com ele-angustiado. Graças a essa experiência, a angústia do paciente diminui e tem início o processo de "introjeção de um bom objeto" – que é precisamente o que tem efeito mutativo, segundo Strachey.

2. É no campo transferencial-contratransferencial que, num primeiro momento, a analista se identificará com a figura parental, e é no campo transferencial-contratransferencial que, num segundo momento, poderá se desidentificar dela, rompendo o círculo vicioso negativo de que fala Strachey.

No primeiro momento, a transferência narcísica de Juliana convoca a analista a se identificar com seu objeto primário → atuação da onipotência → tenta salvar Juliana (da balada *trash*) → não consegue, pois a balada é vivida como questão de vida ou morte → experiência dolorosa de impotência → angústia/irritação com as atuações de Juliana → atuação inconsciente da raiva → torna-se um objeto persecutório → Juliana deixa de ir às sessões → reproduz-se a situação em que Juliana fica à deriva → vê-se obrigada a recorrer a mais uma balada *trash*, drogando-se para enfrentar o desamparo.

No segundo momento, a analista percebe o círculo vicioso negativo do qual faz parte → percebe sua posição identificatória contratransferencial → elabora a contratransferência → desidentifica-se da figura parental de Juliana → faz o luto da onipotência → renuncia a salvar a paciente (para melhor ajudá-la) → muda de posição (deixa de se irritar) com relação às atuações de Juliana → abre-se para escutar o que acontece além das atuações (a relação Juliana/Luiza) → usa a história de Luiza para ajudar Juliana a dar sentido à sua experiência.

* * *

A sessão a seguir ilustra a difícil passagem do primeiro para o segundo momento. A analista agora está atenta e procura conter sua angústia diante das gravíssimas atuações da paciente. Está à procura de uma posição a partir da qual consiga falar sem que a paciente fique tão perseguida.

Juliana disse "oi" fechando o portão. Parecia alegre. Trouxe um pote. Sentou e o pôs de lado. Pega o celular e, muito satisfeita, diz:

P – O F. (o "ficante" do momento, que tinha sumido) me ligou. Esta semana não fui trabalhar nenhum dia.

[Para a analista, essas notícias são preocupantes: F. é outro drogado, e ela pode perder uma oportunidade de trabalho que a ajudaria a ter um lugar valorizado por ela mesma].

A – [Tentando conter sua preocupação] Talvez tenha sido melhor, você me disse que o trabalho não estava te acrescentando nada, só te cansava.

P – É, mas meu pai quer que eu faça outro estágio no ano que vem. Eu não quero.

A – Por que você não diz a ele que não quer esse estágio, que quer um trabalho em que se sinta útil? [Segundo ela, como estagiária só fica olhando].

P – É, eu quero trabalhar de verdade porque aí tem muita coisa para fazer e a gente não tem tempo para pensar. Meu pai quer que eu faça estágio na empresa de um amigo dele, mas eu não quero. Eu gostaria de trabalhar num lugar em que ninguém soubesse quem eu sou [Seu pai é um empresário importante e conhecido].

[Segue-se uma longa fala em que Juliana diz que tem que estudar, mas não consegue. A analista escuta essa fala tanto no nível da realidade atual – as provas – quanto no do desamparo da criança-no-adulto. Tenta intervir no atual mostrando que agora tem a quem recorrer].

A – Por que não pede ajuda para D.? [Uma colega de classe que é boa aluna]

P – É o que vou fazer. Mas primeiro vou fumar um baseado, aí me acalmo, estudo, e, no fim, fumo outro para relaxar.

A – Você fica muito ansiosa com tudo isso, não é? Com medo de não dar conta...

P – O meu haxixe está acabando. Preciso passar na casa do R. [traficante] para comprar mais, mas estou sem dinheiro.

Olha para mim e me pergunta, muito aflita:

P – O que eu digo para o meu pai? Preciso inventar alguma coisa para ele me dar dinheiro.

Olha para o celular [vai escrever uma mensagem para o pai] e diz:

P – Já sei, vou dizer que preciso de dinheiro para imprimir um trabalho na faculdade.

[A analista fica muito incomodada com a cena. Está sendo convidada a ser cúmplice, a dar uma ideia para enganar o pai. Tomada pela irritação, prefere não dizer nada para não soar crítica].

Juliana passa a mensagem e ele responde. Ela lê e ri:

P – O meu pai é engraçado. Ele disse: "Você é fogo, Juliana".

Em seguida, recebe outra mensagem no celular e dá um grito de alegria:

P – Vai virar [vai conseguir a droga], a D. conseguiu, agora estou mais calma.

Vira-se para mim e diz:

P – Trouxe torta de morango para a gente comer junta.

Enquanto comemos torta, pergunto:

A – Você achou que eu ia ficar brava com você?

P – Não, eu sei que posso falar tudo isso para você.

Em seguida, fala longamente sobre a próxima balada. No meio do relato, vem uma menção a Luiza:

P – Tenho que ficar tomando conta dela na balada. Quando ela não quer ir embora, eu digo: "Vamos, Luiza, está na hora". Agora, ela me obedece e vem. Mas depois que voltamos, ela some achando que estou brava com ela; mas eu não fico brava com ela.

A – E se você dissesse a ela que não fica brava, mas preocupada porque gosta dela?

P – É, mas a Luiza é louca, né?

A – Talvez não seja louca, mas muito angustiada, sozinha.

P – É, com aquela mãe dela... Às vezes, penso que a minha família tem problemas, fico com raiva deles, mas quando vejo as outras, é muito pior. Por que será que a Luiza sai com qualquer um em vez de escolher alguém bacana?

A – Vai ver que é porque ela se sente muito sozinha, abandonada, então se agarra ao primeiro que aparece.

P – É, ela é assim desde pequena [etc.].

* * *

É curioso que Juliana não tenha o menor problema de dizer à analista que faltou à sessão para ir comprar drogas nem em listar tudo o que usou no fim de semana ou até mesmo em chegar chapada para sua sessão. Parece que ela vê a analista como alguém que aceita tudo, incondicionalmente, inclusive ser cúmplice de qualquer coisa, como enganar o pai.

Algum tempo depois, pudemos pensar que talvez seja esta a fantasia que Juliana faz a respeito de como seria ter pais biológicos (não mencionei que ela foi adotada com poucos meses para não transformar este fato numa grade de leitura que pesasse mais do que a dinâmica que se desenrola na sessão). O amor destes seria incondicional, ao contrário do dos pais adotivos, que ela sente como condicional. Ela atua de modo a testar o limite do amor deles e, ao mesmo tempo, tem horror de encontrar esse limite.

Nesse caso, a analista estaria sendo o suporte para a transferência da fantasia de uma mãe biológica cuja paciência e tolerância são infinitas. O elemento real que a torna propícia para isso é a ideia que certos pacientes fazem de que o analista aceita tudo pelo simples fato de ser analista.

Um sonho da analista ilumina essa hipótese. Está com Juliana, que, no sonho, é uma menininha parecida com ela. Cuida da garota com certo gesto carinhoso, o mesmo que fazia com seus próprios filhos. O sonho acontece logo depois de ter colocado um limite às atuações da paciente. Ela pedira para alterar um de seus horários para poder sair com um rapaz. Com o coração apertado por privá-la de uma sessão, *decidiu não atender a esse pedido*. Começa a se deslocar do lugar transferencial em que foi colocada. Afinal, é claro que mães biológicas têm limites – ou, pelo menos, deveriam ter! Além disso, nem mesmo mães biológicas podem salvar seus filhos.

* * *

Voltando à primeira parte da sessão, a paciente, como sempre, atua bastante: há uma troca de mensagens ao celular com o pai, ela pede à analista uma ideia para conseguir dinheiro para comprar droga e lhe oferece torta de morango.

Esse material permite várias leituras: 1) A analista está sendo subornada para ser cúmplice e, ao mesmo tempo, convidada a funcionar como superego; 2) A analista é vivida como perseguidora, e a torta serviria para amansá-la; 3) A paciente testa limites e demanda uma intervenção firme que sirva para enquadrá-la.

248 NÃO TENTAR SALVAR JULIANA

Que saia justa para a analista! Ela já sabe que interpretações clássicas, embora corretas, não são produtivas quando a paciente está atuando. Por isso, apesar de bastante incomodada, a analista escolhe tentar criar um clima de confiança para tentar estabelecer algum contato com a criança-desamparada-em-Juliana.

Assume o risco de se implicar um pouco mais do que habitualmente: concorda que o estágio não acrescenta nada, sugere que ela converse com o pai sobre o trabalho e que ela peça ajuda da amiga para estudar. Durante a supervisão, pudemos pensar numa intervenção um pouco mais reservada, num tom bem humorado: "Juliana, você acha mesmo que eu poderia te ajudar a enganar teu pai?".

A intervenção da analista enquanto comem a torta (*"Você achou que eu ia ficar brava com você?"*) nos dá notícias de sua preocupação em não ocupar o lugar de superego crítico e produzir novas atuações da paciente. A resposta ("Sei que posso falar estas coisas para você") é menos importante do que a abertura que se produz a seguir: *"Tenho que ficar tomando conta dela na balada. Quando ela não quer ir embora, eu digo: 'Vamos, Luiza, está na hora'. Agora, ela me obedece e vem. Mas depois que voltamos, ela some achando que estou brava com ela; mas eu não fico brava com ela".*

A partir daí, a sessão se torna produtiva. A paciente dispensa temporariamente as atuações, e a conversa evolui num nível mais representacional. Rapidamente, surge a criança-em-Juliana. Entre outras coisas, fala da figura materna com que não pode contar. A analista não perde a oportunidade preciosa e faz contato com a angústia. Isso lhe permite abordar a defesa ("Se agarra ao primeiro que aparece") sem que a paciente se sinta criticada. A criança-em-Juliana é acolhida em seu desamparo. A sessão prossegue: "Ela é assim desde pequena"...

* * *

Finalizo este caso retomando um momento inicial da análise, em que foi possível identificar uma fantasia do objeto primário com relação à criança-em-Juliana a partir da posição contratransferencial inconsciente da analista.

A analista conta que Juliana está empregada de favor na loja de uma amiga da mãe. Os pais conseguiram isso para mantê-la ocupada, longe das drogas. Mas ali, sua função é supérflua e se sente humilhada pelos colegas, que não a levam a sério. Nesse contexto, ela diz aos pais que gostaria de sair de lá para estudar. Eles são contra. Dizem que já começou vários cursos e não terminou nenhum. Acham que vai ser a mesma coisa. Ela jura que desta vez vai ser diferente.

A analista também se preocupa. Comenta com as pessoas do seminário que, por um lado, fica sensibilizada com o fato de Juliana estar manifestando um desejo e um projeto de vida. Por outro, parece-lhe perigoso abrir mão do enquadre estável introduzido pelo trabalho trocando-o pelo curso.

Em seguida, acrescenta: *"Se desistir do curso, é claro que ela não vai mais conseguir nenhum trabalho"*. Ora, ninguém tem bola de cristal para saber o que é melhor para um paciente. A analista sabe disso. Por isso mesmo, quando escutamos essa frase, queremos saber *"quem falou pela sua boca"*.

Essa situação ilustra exemplarmente como o analista empresta seu corpo-alma para dar forma e vida ao objeto primário do paciente. Neste caso, trata-se de um *objeto primário que, em função de suas próprias angústias, atribui a ela algo que é de seu próprio psiquismo*. São identificações projetivas exitosas, pois a criança-em-Juliana se identificou com o que foi projetado nela. Naturalmente, as questões de Juliana são muito mais complicadas do que isso, mas é importante lembrar disso para encaminhar um trabalho de desidentificação.

Para esse objeto, Juliana não vai dar em nada. A fantasia de que há algo de ruim em sua herança genética, comum a muitos pais adotivos, é a racionalização para que eles possam defender seu narcisismo atacando o da criança. Nesse nível, funciona como um elemento-beta tanático: a criança registra o ataque no nível mais corporal de seu psiquismo, mas não tem como fazer sentido dele.

O fato concreto da adoção é bem menos significativo do que a evacuação de tais elementos no psiquismo em formação, sem falar na imaturidade dessas figuras parentais. "Ela não vai dar em nada" é uma injunção identificatória necessária para o narcisismo dos pais. E, por amor a eles, a criança se identifica ao lugar que lhe é ofertado.

* * *

Um ano depois, essa situação ressurge, porém transformada. Juliana volta de férias e diz à analista que foi para um sítio, que está namorando um caboclo e que está grávida.

[A analista sente um frio na barriga, mas não diz nada].

P – É brincadeira, estou tomando pílula.

A – Quer me matar de susto?!

[Juliana ri. Em seguida, conta que viajou com a família de uma amiga e que se sentiu tão bem com eles que não usou nenhuma droga nem sentiu falta].

P – Se minha família fosse como a deles, eu não fumaria.

[A analista pergunta o que ela encontra lá que não vê na sua própria família. Juliana pensa um pouco – a analista comenta que parar para pensar é algo novo].

TRANSFERÊNCIA E CONTRATRANSFERÊNCIA 251

P – Lá, as pessoas bebem sem pudor, ninguém fica "em cima" e ninguém fica bêbado. Minha amiga já fumou maconha, ninguém fez drama por isso, e ela parou. Na minha casa, qualquer coisa que eu faço já acham que vou fazer outra pior.

A – Você percebe que a família da sua amiga confia nela.

P – Os meus pais não confiam. Se eu beber um pouco, acham que vou beber todas.

[Nesse momento da sessão, a analista lembra que Juliana contou que, assim que entrou na adolescência, seu pai lhe deu um livro que conta a história de uma adolescente que se prostituía para comprar drogas. A garota entendeu como dica para que não seguisse esse caminho, mas também entendeu que era a fantasia/desejo do pai. Ao dizer à analista à queima-roupa que está grávida, mostra que sabe perfeitamente que lugar lhe foi oferecido].

* * *

Nessa sessão, a analista já não está na mesma posição contratransferencial do início quando tinha exclamado: "É claro que ela nunca vai conseguir nenhum outro trabalho!". Já está separada do objeto interno de Juliana. Tanto que, quando a paciente lhe diz que está grávida, sente um frio na barriga, mas, em vez de atuar sua angústia e tentar salvá-la, lembra-se da sessão em que ela conta que o pai lhe deu o livro.

A analista vem trabalhando num nível mais simbolizado, e a paciente pode acompanhá-la com associações sobre a família da amiga que confia nela. Ao representar a menina grávida, em vez de voltar grávida das férias, mostra que "sabe" que vem correspondendo, inconscientemente, às expectativas de que não vai dar em nada.

Joana, que parece, mas não é

O analista tem a sensação estranha de que, embora a paciente tenha feito conquistas nesses quatro anos de análise, ainda não se tocou no mais importante. Diz que juntou umas *notas esparsas*, aquilo que conseguiu. Eis o relato do caso (*os itálicos são meus*).

Tem quase 40 anos, solteira, pedagoga. Mora com os pais e está arrumando um apartamento para se mudar. Vai morar sozinha. Quando procurou análise, estava recém-formada fazendo um curso de aperfeiçoamento. Seu irmão havia acabado de se mudar para um apartamento e sentia muita falta dele. O pai é um empresário bem-sucedido, *mas* há anos que não fala com ele. Na infância, tinha um bom relacionamento com ele, *mas*, na adolescência, tudo foi mudando. Não sabe dizer o que aconteceu.

Na adolescência, teve muitas questões com o próprio corpo, achando-se sempre acima do peso. Achava que era feia, chorava e vivia comprando roupas. Apesar disso, nunca ficou sozinha e sempre namorou. *Mas* os namorados sempre gostavam dela mais do que ela deles. Desfazia-se deles facilmente. Bebeu muito na

254 JOANA, QUE PARECE, MAS NÃO É

adolescência e até pouco tempo atrás. Acha que bebe demais e perde o controle.

O pai a chama de vagabunda apesar de ela sempre ter trabalhado junto com a família na empresa do pai. O irmão estudou administração e também trabalha lá. Ela sente dó do irmão, que, segundo ela, não teve oportunidade de escolher outra profissão. Alguém tinha de cuidar da empresa do pai. A mãe também trabalha lá. A família toda junta dava muita briga, gritaria, e ela preferiu trabalhar em outro lugar. Tentou dar aulas numa escolinha, *mas* tinha crises de pânico quando entrava na sala. Aproximou-se de uma garota que tinha sido abusada sexualmente.

Tinha um namorado há quatro anos, com quem saía muito, bebia e brigava. Dizia não gostar nem dele nem da mãe. Ele foi para a França fazer um curso e terminou o namoro. Ela ficou muito mal e, depois disso, acha que nunca mais vai encontrar alguém. Saiu com alguns moços, *mas* sem interesse verdadeiro por nenhum. Tem várias amigas, *mas* nunca se abre muito com elas. Diz que parece maria vai com as outras porque está sempre concordando com as ideias delas e descartando as suas.

Tem sonhado com o pai abusando dela, sendo que isso nunca aconteceu. Está angustiada com a ideia de ir morar sozinha. Como vai fazer com as roupas que usa com sua mãe?

Sente muita falta do irmão. Sente-se bem ao lado dele. Parece ser a única pessoa com quem ela fica à vontade.

O pai estava doente e tinha de se tratar num hospital distante, *mas* não queria que a família o acompanhasse. Ia e voltava dirigindo sozinho.

* * *

O analista está preocupado com este caso. Joana não tem um projeto de vida; vai vivendo um dia depois do outro. O tempo vai passando e ela vai sendo levada pela vida. Eles também poderiam continuar assim indefinidamente: uma sessão atrás da outra.

Joana não se liga realmente aos amigos, ao namorado ou ao trabalho. Apesar disso, ou talvez por causa disso, há sempre muita angústia relacionada a temas variados. Por exemplo, o fato de que não gosta de ninguém ou quando será que vai conseguir ganhar mais dinheiro. Mas – e o analista procura palavras para descrever sua experiência com ela – há algo de oco, de vazio; parece que ela "imita" os outros.

Ele conta também um fato muito curioso. Ao contrário do que acontece em outros atendimentos, não consegue imaginar os pais dela. Um dia, Joana levou uma foto em que eles apareciam. Olhando longamente para a imagem, o analista se viu pensando: "Ah, então esses são os pais dela!". Ficou surpreso ao ver como eram. Percebeu que, até então, tinha uma sensação estranha de que esses pais não existiam ou de que não eram pessoas reais.

* * *

Do ponto de vista do conteúdo, o relato traz temas importantes: uma relação quase incestuosa com o irmão, uma separação abrupta e enigmática com o pai a partir da adolescência (o analista explica que, se um entra na cozinha, o outro sai para não ficarem juntos no mesmo aposento da casa), uma relação problemática com o corpo, relatos sobre uma garota abusada sexualmente e uma família unida/desunida num modo incestuoso – todos trabalham juntos na empresa do pai e todos brigam. Ao mesmo tempo, parece que o que ela considera sua família é apenas ela e o irmão. Ela não parece sentir que há um casal parental constituído e discriminado.

Quando escuto o relato do analista, fico mais sensibilizada com seu *tom desafetado*. As frases são curtas, parecem desconectadas entre si e logo morrem. Algo não se sustenta, como se lhes

256 JOANA, QUE PARECE, MAS NÃO É

faltasse o investimento necessário. O tom reflete, possivelmente, o clima emocional do campo transferencial-contratransferencial, como captado pelo inconsciente do analista.

Além disso, há várias afirmações seguidas de um "mas" que se contrapõe ao que foi afirmado. Há algo que insiste. "Saiu com alguns moços, *mas* sem interesse verdadeiro por nenhum. Tem várias amigas, *mas* nunca se abre muito com elas. O pai ia se tratar em um hospital distante, *mas* não queria que a família o acompanhasse".

Minha sensação, ao escutar o relato, é que a paciente escorre como areia fina por entre os dedos do analista. Ele não consegue "segurar" nada. Isso combina com o fato de que não consegue imaginar os pais de Joana. Estranhamente, eles não têm consistência na mente dele e parecem irreais. Na mesma linha, ele vê algum progresso nesta análise, mas não tem muito a dizer sobre o processo além dessas notas esparsas.

* * *

Como temos visto ao longo do livro, a contratransferência não é propriamente uma reação emocional – mais ou menos inevitável – à transferência. Ela é a oferta da matéria psíquica viva do analista que, quando tocada pela transferência, dará forma e vida ao objeto primário do paciente ou à criança-no-paciente.

É claro que, ao dar vida ao objeto primário, o analista vai, pelo menos em algum grau, sentir, pensar e agir – no sentido do *agieren* (ver "1914") – de acordo com algumas características do objeto. O mais importante, contudo, é podermos reconhecer "quem" está sentindo, pensando e agindo daquela maneira.

Quanto mais primitiva for a transferência, quanto mais crus (menos simbolizados) os aspectos transferidos, mais a contratransferência será captada pela dimensão corporal (ou primitiva) do psiquismo do analista. No caso de Joana, ele registra a estranheza descrita anteriormente.

"Quem" o analista está sendo nesse momento? Podemos imaginar (usando a imaginação metapsicológica) que ele está vivendo em si a criança-em-Joana, tentando fazer contato com uma figura materna que lhe escapa o tempo todo. Joana, por sua vez, estaria identificada, de forma complementar, a uma figura que faz papel de mãe, mas é emocionalmente oca, incapaz de uma presença psíquica verdadeira.

Para quem vê de fora, a mãe se parece com uma mãe porque faz tudo o que uma mãe faz. Mas a criança-em-Joana registrou – embora não lhe tenha sido possível dar um sentido a isso – que, ali, não há uma função materna verdadeira e consistente. Há traços mnésicos perceptivos desse oco, mas, como não houve a simbolização da experiência – que ficou clivada – ela *age repetidamente essa identificação*, o que produzirá, no analista, a sensação, mais corporal do que psíquica, de oco.

Joana se parece com uma moça comum que sai com as amigas para beber, trabalha, namora, vai morar sozinha; mas, por trás disso, não há propriamente alguém vivendo sua vida. A análise também se parece com uma análise: ela vem, fala, se angustia; ele interpreta e até houve transformações nesses quatro anos, mas a contratransferência acusa continuamente uma mesma sensação bizarra: algo lhe escapa e ele não consegue saber o que é.

* * *

O analista procura as palavras para descrever essa sensação que brota de seu corpo-alma e, finalmente, acha uma que lhe convém: Joana *imita* os outros. Ela mesma se descreve como uma maria vai com as outras, no que tem certa razão. Tem várias amigas, estudou, trabalha, vai à academia e sempre namorou. Mas, de alguma

258 JOANA, QUE PARECE, MAS NÃO É

maneira, ela sabe que é apenas um simulacro de uma garota normal; uma pessoa que imita a vida, mas não a vive.

Um bom exemplo é o que acaba de contar ao analista: vai morar sozinha e está decorando o apartamento com a ajuda da mãe. Mas o que isso quer dizer para Joana? Que não vai mais poder dividir as roupas com ela. E por que vai morar sozinha? Não sabemos. Talvez para imitar o irmão. Talvez porque suas amigas já não moram mais com os pais. Ou seja, porque ela vê que é assim que as pessoas vivem.

Percebe-se que ela não é maria vai com as outras no sentido comum do termo: alguém que não tem opinião própria ou tem medo de expressá-la. Ela não tem opinião própria porque não há, ali, um sujeito capaz de entrar em contato com suas experiências e de pensar algo a respeito disso. Ela imita o comportamento das pessoas porque não tem uma experiência real de estar viva, como disse Winnicott (1955) em *Formas clínicas da transferência*.

Mas não parece ser um falso *self* no sentido que lhe dá esse autor. Não a vejo como alguém que precisou se adaptar excessivamente ao ambiente e, por isso, não chegou a desenvolver seu potencial, seu gesto espontâneo. Parece mais que tenha se identificado a um objeto primário que é, ele mesmo, puro cenário.

* * *

A transferência é, pois, a atualização da identificação com um cenário. Por isso, a experiência do analista é de estranheza. Por meio do relato desafetado, das frases esparsas, da repetição do *"mas"* e também do conteúdo ("Ah, então esses são os pais dela!"), ele nos transmite muito bem sua estranheza. Ele ofereceu seu corpo-alma para dar vida à experiência da criança-em-Joana e, agora, está falando (escrevendo o relato) a partir dessa identificação.

E como conduzir o caso a partir desse diagnóstico?

Como estratégia geral, o analista precisaria basicamente "ser de verdade" e fazer contato com o que lhe parece "ser de verdade" em Joana.

Mais especificamente, ele poderia se deter em cada situação concreta que ela relata para extrair dela uma experiência emocional verdadeira. Por exemplo, "Não vai mais poder usar as roupas da mãe" pode ser desdobrado em: "Não vai mais contar com a mãe para saber quem é, o que fazer e como organizar as coisas do cotidiano". Significa acordar sozinha e decidir, a partir de si mesma, o que vai querer para o café da manhã. A mesma coisa no supermercado: o que vai escolher em meio a tantas opções? Talvez surja a pergunta: como alguém sabe o que deseja realmente comprar?

Pode ser que, a partir dessas conversas, ela entre em contato com um estranho e doloroso sentimento de vazio e com a angústia de não se sentir real. Já seria muito.

* * *

Finalizo o caso (e o capítulo) com material clínico que mostra uma mudança de posição subjetiva significativa. O analista relata uma sessão recente, bastante surpreso com a transformação ocorrida no clima emocional. Era algo muito diferente da estranheza e do oco de sempre. Ela tinha ganhado corpo e alguma consistência.

Joana conta que foi transferida para trabalhar em outro local, onde teria de abandonar as funções antigas para assumir outras que, no momento, lhe parecem vazias. Nesse novo trabalho, ela não se sente fazendo nada "de verdade". Os pais de uma criança da classe em que lecionava ligaram querendo marcar hora para conversar com ela. A colega ouviu o telefonema e lhe disse que não poderia mais ter contato com as famílias. Agora, seu trabalho era burocrático e administrativo. Ela discutiu com a colega dizendo: "As

260 JOANA, QUE PARECE, MAS NÃO É

famílias têm esse direito e vou atendê-las, sim. Pelo menos, para ouvir e encaminhar o caso". E marca um horário para recebê-los.

A chefe, que estava por perto, escutou a discussão e parecia estar pensando no assunto. Acabou dizendo que podia, sim, dar continuidade ao que vinha fazendo. Uma terceira colega que também estava lá tentou pôr panos quentes. Disse que as duas estavam muito nervosas porque os casos ali eram muito difíceis e que não precisavam brigar. Joana discorda. Diz que, desde que chegou, não tinha feito nada além de mexer com números.

[...]

Escolheu a tinta do apartamento para o qual vai se mudar. Todos na família acham que só o pai entende de tintas já que trabalha com reformas, mas ela resolveu passar numa loja para escolher a cor. O vendedor agendou uma visita ao apartamento para decidirem juntos. Joana diz que nunca fez isso antes e que adorou. Descobriu que o moço da loja entendia mais do que o pai dela. Vai dizer à família que já arranjou o pintor e as tintas. Também já escolheu os armários da cozinha. Viu que dá para fazer algo "sob medida". Dessa vez, ela vai peitar...

[...]

A vida dela parece assim: compromissos e horários que ela vai cumprindo sem saber por quê. Vai à academia, depois sai com as amigas para beber. Nesta semana, disse a elas que não ia. Também não foi à academia. Ficou chorando muito a noite toda na segunda-feira.

Percebe-se que, nessa sessão, há um sujeito fazendo escolhas no sentido mais verdadeiro do termo – e não uma maria vai com as outras. Ela realmente quer atender às famílias que atendia antes e "banca" o confronto com a nova colega de trabalho. Banca também escolher ela mesma as tintas para seu apartamento, bem como não se engajar sem saber por que num programa com as amigas. O analista a acompanha nesse movimento e a ajuda a fazer sentido da angústia de afirmar algo a partir de si mesma, mas também do medo de ter de se responsabilizar por suas escolhas.

PARTE III

Transferências cruzadas e complementares no cotidiano: corrupção, poder e loucura

Introdução

Finalizo este livro trabalhando o conceito de transferência na vida cotidiana. Pretendo mostrar, aqui, como certas formas de enlouquecimento podem ser geradas no/pelo campo transferencial por meio da *atuação*, por parte dos sujeitos envolvidos, por meio de transferências cruzadas e complementares. Nas transferências *cruzadas*, há dois ou mais sujeitos que fazem transferência uns com os outros. Ao mesmo tempo, cada um deles pode atuar de forma a *complementar* a transferência do outro.

Sabemos que um enlouquecimento desse tipo pode ocorrer entre mãe e filho, entre parceiros de uma relação conjugal e mesmo entre analista e paciente. Penso que podemos estender essa forma de pensar a vida cotidiana, evidenciando, com isso, a potência do fenômeno transferencial. Ilustrarei essas ideias tomando como eixo condutor certo tipo de corrupção entendida como sintoma de um enlouquecimento desse gênero.

Nesse sentido, meu recorte será radicalmente diferente daquele que adotei algum tempo atrás quando esbocei uma interpretação

266 INTRODUÇÃO

psicanalítica da corrupção como fenômeno *institucional* (Minerbo, 2000, 2007). Para melhor contrastar as duas abordagens – a corrupção como fenômeno social e como efeito de certo campo transferencial – apresento uma síntese daquelas ideias.

* * *

Na época, sugeri que o que se corrompe não é o indivíduo, mas o sistema simbólico (a instituição) que ele representa, tendo como consequência a fratura do símbolo e o esvaziamento semântico. Explico:

Quando o representante de uma instituição não reproduz seu discurso e suas práticas – por exemplo, quando, em vez de julgar, o juiz se deixa corromper – o vínculo simbólico entre juiz e Justiça se enfraquece até se corromper. A significação, que até então era natural (estava naturalizada), desnatura-se: o juiz deixa de representar Justiça, e a instituição se enfraquece. É a fratura do símbolo.

As palavras ligadas a esse sistema simbólico (réu, julgamento, sentença, lei, transgressão, pena) continuam existindo, porém vazias de significado; elas deixam de ter lastro afetivo, de modo que a subjetividade aí constituída já não crê na Justiça, e a impunidade passa a ser vivida como natural. Em síntese, o representante da instituição aceita suborno, mas o que se corrompe é o sistema simbólico como um todo. E isso tem consequências de longo alcance, pois a justiça é a base da civilização.

A primeira exigência da civilização é a de justiça, ou seja, a garantia de uma lei que, uma vez criada, não será violada a favor de um indivíduo (Freud, 1930, p. 116).

* * *

No presente texto, certo tipo de corrupção – aquela que nada teme – será entendido como sintoma de um enlouquecimento – no sentido da *hybris* e não de doença mental. Dessa perspectiva, o sujeito que pratica certo tipo de corrupção será considerado louco quando, em função de sua desmesura, sente e age como alguém que *pode tudo* e não precisa temer nada.

Contudo, introduzo uma diferença importante com relação ao conceito de *hybris*. Para os gregos, a desmesura acometia *uma pessoa*. Era, pois, um fenômeno individual. Mas ao abordar a desmesura que leva à corrupção – a um tipo de corrupção, àquele tipo de corrupção que nada teme – pelo vértice do campo transferencial, estou propondo entendê-la como fenômeno intersubjetivo. Dessa perspectiva, a indignação contra as pessoas que praticam a corrupção, embora compreensível, obscurece a percepção de que somos parte do problema – e, portanto, da solução.

Pacto civilizatório e condição humana

A relação entre poder e loucura tem sido observada há muito tempo. Há quem diga que o poder enlouquece (produz endorfinas, vicia) enquanto outros sustentam que pessoas ávidas pelo poder já apresentam previamente questões relacionadas à onipotência. O problema dessas posições é pensar a loucura como uma condição que pode acometer o sujeito exposto ao poder de "fora para dentro" da mesma forma como a exposição à friagem pode causar uma pneumonia.

Ao contrário disso, a Psicanálise mostra que o sujeito, poderoso ou não, sempre enlouquece na relação com o outro – em certo tipo de relação com o outro. Por isso, reformulando o problema, a relação entre poder e loucura exige que se tome em consideração o campo transferencial no qual, e por meio do qual, aquele que detém o poder pode vir a enlouquecer com a contribuição do outro.

Como dito anteriormente, *hybris*, a loucura, está relacionada ao excesso, à desmedida e à transgressão. Louco é o homem que tenta se igualar aos deuses:

> *No dicionário Liddell e Scott, a primeira definição de* hybris *é violência temerária que resulta do orgulho pela força ou pelo poder que se possui. Na visão mítica, são atos, palavras ou mesmo pensamentos por meio dos quais o homem, que é mortal, esquece sua natureza e limitações, compete com os deuses e procura adquirir seus atributos, provocando a hostilidade divina (Franciscato, 2011, grifos meus).*

Percebe-se que a definição se aplica ao poderoso que, como os deuses, pensa estar acima da condição humana. Em sua loucura, ele se esquece de algo fundamental: seu poder lhe foi outorgado temporariamente pelo grupo e pode ser retirado caso transgrida o pacto social. Por isso, antes de abordar o papel do campo transferencial-contratransferencial no enlouquecimento, cabe retomar, muito brevemente, o contrato firmado entre grupo e indivíduo – e que deve ser respeitado por quem queira fazer parte da comunidade humana.

* * *

O termo "pacto civilizatório" foi usado por Freud em *O mal-estar na civilização* (1930). Em citação bastante conhecida, diz que o "homem civilizado trocou uma parcela de suas possibilidades de felicidade por uma parcela de segurança" (Freud, 1930, p. 137). Felicidade, nesse contexto, é gratificação pulsional. Na ausência de sublimação, diz ele, a neurose pode ser o preço a ser pago pela segurança da vida civilizada. No outro extremo, quando a busca do prazer não conhece limites, temos a barbárie.

Mudando de registro, mas sempre pensando a condição humana como relacionada a algum tipo de contrato com nossos semelhantes, Aulagnier (1979) propõe a noção de contrato narcisista.

Esse contrato é firmado entre a criança que vem ao mundo e o grupo que a acolhe. Este abre espaço para receber o novo ser, oferecendo-lhe um lugar na cadeia das gerações, uma história sobre sua origem e referências identificatórias. Em troca, o sujeito se compromete a investir narcisicamente no grupo de forma a garantir sua continuidade. O contrato beneficia a ambos.

Articulando os dois contratos, pode-se dizer que nos comprometemos a renunciar à satisfação absoluta de nossos impulsos sexuais e agressivos – incesto e parricídio. Em troca desse sacrifício, as instituições, a começar pelo objeto primário, comprometem-se a nos acolher no mundo humano e nos oferecem, não apenas segurança como diz Freud, mas também as referências identitárias sem as quais não seria possível nos constituirmos como sujeitos. Nesse formato ampliado, o contrato contempla tanto as condições para ser/existir como para o prazer. Nós o assinamos não tanto por achar que a relação custo-benefício compensa, mas porque não temos escolha: é isso ou ficar no limbo.

Fora da condição humana: o limbo

A ideia de limbo é importante. A conhecida frase "É uma alegria estar escondido, mas um desastre não ser encontrado" (Winnicott, 1963, p. 169) se refere à angústia que a criança sente quando imagina que deixou de existir para o outro significativo. Estar no limbo é estar em lugar nenhum e não existir para seus semelhantes. É pior do que a morte.

Um sinal inequívoco de que o contrato está em vigência é o fato de temermos as consequências de sua transgressão. A loucura do poderoso consiste, justamente, em atuar suas pulsões sexuais, agressivas e de dominação sem temer nada nem mesmo o limbo. É sinal de que o contrato está revogado para ele.

Há duas situações em que o contrato entre o sujeito e o grupo deixou de valer:

a) A primeira é quando o horror de não existir para a comunidade humana já se realizou. Falo dos miseráveis, daqueles que já não contam e sequer são vistos, como se fossem transparentes. As instituições, ou seja, nós, não fizemos a nossa parte no contrato. Abandonamos o indivíduo à própria sorte. Permitimos que ele vivesse em estado de agonia, no sentido winnicottiano do termo. Como acontece com qualquer contrato, o descumprimento por uma das partes faz com que ele fique automaticamente revogado. Entende-se que o miserável possa sentir que já não tem nada a perder. São os que enlouqueceram de dor, com nossa participação. Isso nos ajuda a entender a violência relacionada à exclusão social.

b) A segunda é quando o sujeito está excluído do mundo humano por excesso de poder. Assim como o miserável, que está num limbo situado "abaixo" do pacto social, o poderoso também está num limbo, porém "acima" dele. Ele vive numa espécie de Olimpo, numa condição que tem mais a ver com a dos semideuses do que com a de seus pares, que reconhecem e temem a castração – e, por isso, pautam sua vida pelo contrato.

Não nos enganemos: estar no Olimpo é estar fora do jogo humano. É como jogar pôquer com alguém que dispõe de um cacife infinito. A possibilidade de perder, que é a condição para haver jogo, não existe para ele. E, como não está no mesmo plano, mesmo que se sente à mesa, seu jogo não conta para nós. Está excluído.

Da mesma forma que a exclusão do miserável, a do poderoso também pode enlouquecê-lo, ainda que temporariamente. Se o miserável nada tem a perder porque já perdeu tudo, o poderoso não tem nada a perder porque sabe que nada vai lhe acontecer – pelo menos, durante um tempo. E não me refiro apenas aos tiranos. Exemplos não faltam de jornalistas, políticos, empresários, celebridades e líderes populistas que foram enlouquecendo a olhos vistos durante o exercício do poder.

Transferência e loucura

Como vimos, o sujeito pode enlouquecer por estar "acima" do pacto social, excluído do mundo humano por excesso de poder. Mas é preciso reconhecer que o poderoso não se excluiu sozinho do pacto. Assim como acontece com o miserável, nós contribuímos para que o poderoso perdesse a noção da justa medida. Se ele julga que pode tudo é porque sente que, não importa o que venha a fazer, o grupo não o abandonará. E talvez tenha nisso alguma razão.

O conceito de transferência é decisivo para entender esse processo. Transferência é essa estranha superposição entre passado e presente, entre o infantil e o atual. Ferenczi (1909) mostrou que elementos *reais* da figura atual – ele se referia a uma postura mais autoritária ou mais acolhedora do analista – convocavam diferentes formas do infantil e, então, a transferência podia ser paterna ou materna. E ele conclui, generalizando:

> *Semelhanças físicas irrisórias – cor dos cabelos, gestos, maneiras de segurar a caneta, nome idêntico ou só vagamente parecido com o de uma pessoa outrora*

276 TRANSFERÊNCIA E LOUCURA

importante para o paciente – bastam para engendrar a transferência (Ferenczi, 1909, p. 81).

Mostrou ainda que, em todo adulto, sobrevive a criança e seus complexos, prontos para serem acionados por quem souber despertar a transferência.

A transferência é induzida quando um ou mais traços do objeto ou da situação atual entram em ressonância com os mesmos traços ligados ao infantil – recalcado ou clivado – fazendo com que o sujeito trate esse novo objeto da maneira como tratava a figura parental. Sintetizando: o *atual* reativa o *infantil* e vice-versa; o infantil determina a forma pela qual o sujeito percebe o atual. A situação analítica é o exemplo mais evidente disso. O analista convoca o infantil pelo simples fato de aceitar o paciente em análise, mas sua ética o obriga a não tirar proveito pessoal disso. Quando ocupa o lugar complementar no campo transferencial, sabe que é apenas uma necessidade processual temporária.

Seguindo a linha de pensamento de Ferenczi, entendo que um tipo particular de transferência pode ser induzido por um elemento real: o poder – que pode ser político, econômico, intelectual ou simbólico (como a beleza da mulher ou a fama da celebridade).

* * *

A partir do que foi dito, podemos reconhecer, na vida cotidiana, a atuação de transferências cruzadas e complementares.

Complementando a transferência do outro

Caso o analista ocupe, de fato, o lugar a ele atribuído pela transferência, tomando-a por realidade, interrompe o processo analítico e fixa o paciente na posição da repetição sintomática. Dizemos que ele atuou a contratransferência, entendida como o *complemento da transferência*. Por exemplo, isso acontece se o analista que está sendo idealizado chega a pensar que é, de fato, um seio bom cheio de leite para seu paciente-bebê.

Na vida cotidiana, acontece algo semelhante a isso. Quando identificações complementares se reforçam e se potencializam reciprocamente, *chega-se ao paroxismo, isto é, à loucura*. É o caso da relação que pode se estabelecer entre uma pessoa que tem poder e um cidadão que vou chamar de "comum" para diferenciá-lo daquele que tem poder – e que também é um cidadão comum, só que com algum poder. Com a ideia de *transferências complementares*, começamos a entender como, inadvertidamente, podemos contribuir para que o poderoso enlouqueça.

Sabemos que em todos nós ainda vive – e viverá para sempre – a criança que via seus pais – por projeção da própria onipotência infantil – como seres que podem tudo. Por isso, quando alguém tem poder, e dependendo de como o exerce, esse *traço específico* pode convocar em nós a criança intimidada que reverenciava e amava suas figuras parentais. Quando isso acontece, o sujeito fica "transferido": passa a sentir, pensar e agir a partir de uma posição identificatória subalterna e subserviente com relação ao poderoso.

A criança-submissa-fascinada em nós pode ser convocada pelo poder do outro, mas isso não é suficiente para que transferências complementares se estabeleçam. Ferenczi (1909) percebeu claramente que a possibilidade de ser hipnotizado depende do sujeito *adotar ativamente uma posição regredida (infantil) e passiva* com relação ao hipnotizador.

A afirmação parece paradoxal, mas não é. O fato de que nem todos se prestam a ser hipnotizados mostra que *o sujeito pode não se colocar na posição infantil.* E, de fato, nem todos fazem transferência com uma pessoa só porque ela tem poder.

Assim, o cidadão comum que faz esse tipo de transferência se coloca ativamente – embora inconscientemente – em uma posição de submissão siderada e devoção subalterna. A mídia, por exemplo, muitas vezes parece se colocar nessa posição reverente com relação a celebridades pelo simples fato de terem algum poder simbólico.

O poderoso, por sua vez, pode estar cercado de pessoas cuja criança-no-adulto continua procurando e reencontrando nele a figura parental onipotente. Ele, o poderoso, está bem talhado para ser convocado transferencialmente a ocupar este lugar. Se ele vai atuar de forma complementar ou não, é outra história.

* * *

Atuar de forma complementar significa acreditar na transferência. Certos líderes, por exemplo, parecem acreditar na transferência popular na medida em que se comportam como se fossem realmente o pai ou a mãe do povo. Eles atuam o complemento da transferência das "massas" apaixonadas (Freud, 1921), o que pode mantê-las em perpétuo fascínio infantilizado. Caso isso seja feito de forma consciente e deliberada, constitui-se num uso perverso da transferência.

Seja como for, e retomando o início desse argumento, é a partir de sua posição infantil que o "transferido" sinaliza àquele que tem poder que a castração não vale para ele. Ao fazer isso, exclui o poderoso do pacto social e contribui para enlouquecê-lo.

Mas, como veremos agora, é também a partir de uma posição infantil que o poderoso aceita a atribuição de estar acima do bem e do mal, fazendo transferência com os que o cercam e demandando deles admiração contínua. Como exemplo, temos a criança-na-celebridade que passa a precisar dos holofotes reverentes da mídia, isto é, de demonstrações de amor.

Transferências cruzadas

Tornando as coisas um pouco mais complexas, nem a simples convocação da criança no outro nem o fato de atuar o complemento da transferência do outro são suficientes para explicar o enlouquecimento do poderoso em certo tipo de campo transferencial. Como veremos abaixo, é preciso também que o *poderoso faça sua transferência com a pessoa comum,* percebendo-a como uma espécie de súdito que lhe deve reverência e amor incondicional.

Em outros termos, *o campo no qual ambos, o poderoso e o subalterno, enlouquecerão* é formado por *transferências cruzadas:* a criança-em-cada-um faz certas demandas ao outro e o convoca a atendê-las. Esse processo, naturalmente, é inconsciente para ambos.

As transferências cruzadas neste campo seriam as seguintes:

- A pessoa comum faz transferência com a pessoa que tem poder, *atuando sua criança-submetida;*

- A pessoa que tem poder faz transferência com a pessoa comum, *atuando sua criança-onipotente.*

Naturalmente, nem sempre o poderoso faz transferência com a pessoa comum vendo-a como um súdito ou a si mesmo como estando acima do bem e do mal. Mas isso pode acontecer quando certas *características reais do objeto atual* entram em ressonância com o infantil da pessoa que tem poder.

E que características seriam essas? Justamente o comportamento fascinado e reverente do "transferido". São esses traços reais do objeto atual que podem convocar, na pessoa que tem poder, o narcisismo onipotente de "sua majestade, o bebê". É a partir dessa posição identificatória que ele verá o outro como súdito. Explico:

A expressão "sua majestade, o bebê" é usada por Freud (1914) em *Introdução ao narcisismo*. É quando ele diz que os pais projetam nos filhos o seu próprio narcisismo infantil, esperando que eles realizem o projeto de completude narcísica a que eles mesmos tiveram de renunciar. Depois, felizmente, a vida se encarrega de colocar limites ao narcisismo infantil. Na medida em que a criança os aceita, cumpre sua parte do contrato e começa a fazer parte da comunidade humana.

Mas quando o ambiente volta a sinalizar ao poderoso que ele realmente pode tudo, essa identificação narcísica onipotente vem à tona. É o que acontece quando quem tem poder recebe dos "transferidos" uma mensagem inconsciente semelhante à que o bebê recebe dos pais: "Você pode ser/ter tudo aquilo que eu não posso ser/ter".

* * *

Sublinho que a atuação da identificação infantil *intimidada- -subalterna* pode convocar no poderoso a identificação infantil *"sua majestade, o bebê"*. Essa identificação pode ser atuada, por exemplo, quando "sua majestade, o bebê" diz ao outro: "Você sabe com quem está falando?". Diante disso, o outro pode ficar ainda mais intimidado e subserviente, e assim por diante.

O processo de transferências cruzadas se combina com a potencialização recíproca das identificações complementares poderoso/intimidado encaminhando-se para o paroxismo. De fato, o campo transferencial criado com a colaboração da criança-no- -adulto de ambos acaba por enlouquecer os dois:

- De um lado, temos um sujeito desmesuradamente intimidado, subserviente e siderado, cuja atitude exclui o poderoso do pacto social. A partir desta posição subjetiva, ele não deseja, não se autoriza e não se atreve a sinalizar ao primeiro os limites à sua onipotência.

- De outro, temos um sujeito que passa a sentir que pode tudo e que não tem nada a perder. Certo tipo de corrupção é um sintoma da desmesura dessa posição subjetiva.

Para que o poderoso não enlouqueça no exercício do poder, é preciso que a sociedade lhe sinalize clara e continuamente, a partir de uma posição subjetiva madura – como vem fazendo cada vez mais – os seus limites, funcionando como agente da castração. Mais cedo ou mais tarde, ele nos agradecerá. Ou, pelo menos, deveria.

Referências

ABRAM, J. *The language of Winnicott*. London: Karnac, 1996.

AISENSTEIN, M. À propos du contre-transfert chez Lacan. Quelques questions ouvertes. *In*: Guyomard, P., *Lacan et le contre-transfert*. Presses Universitaires de France, p. 77-91.

AULAGNIER, P. O contrato narcisista. *In*: *A violência da interpretação*. Rio de Janeiro: Imago, 1979. p. 146-154.

BALINT, M. Changing therapeutical aims and techniques in psycho-analysis. *In*: *Primary love and psychoanalytic technique*. London: Karnac, 1949/1994. p. 221-235.

BALINT, M. On love and hate. *In*: *Primary love and psycho-analytic technique*. London: Karnac, 1951/1994. p. 141-158.

BARANGER, W; BARANGER M. La situación analítica como campo dinámico. *In*: *Problemas del campo psicoanalítico*. Buenos Aires: Kargieman, 1969. p. 129-164.

284 REFERÊNCIAS

BION, W. Differentiation of the psychotic from the non-psychotic personalities. *In: Second Thoughts*. New York: Jason Aronson, 1967. p. 43-64.

BION, W. *Learning from experience*. New York: Jason Aronson, 1962.

BLEICHMAR, H. *Avances en psicoterapia psicoanalítica*. Barcelona: Ediciones Paidós Iberica, 1997.

BRACHER, B. *Meu amor*. São Paulo: Editora 34, 2009.

CAPER, R. *Tendo mente própria*. Rio de Janeiro: Imago, 2002.

CHARRON, G. *Le discours et le je. La théorie de Piera Aulagnier*. Quebec: Les Presses de l'Université Laval, 1993.

DISPAUX, M-F. Aux sources de l'interprétation. *Revue Française de Psychanalyse*, Paris, v. 66, p. 1461-1496, 2002-2005. Disponível em: https://www.cairn.info/revue-francaise-de-psychanalyse-2002-5-page-1461.htm. Acesso em: 4 mar. 2020.

DONNET, J-L. La situation analysante. Paris: PUF, 2005.

FERENCZI, S. Confusão de línguas entre os adultos e a criança. *In: Obras Completas, v. IV*. São Paulo: Martins Fontes, 1933/1991.

FERENCZI, S. Perspectivas da psicanálise. *In: Obras Completas, v. III*. São Paulo: Martins Fontes, 1924/1991.

FERENCZI, S. Transferência e introjeção. *In: Obras Completas, v. I*. São Paulo: Martins Fontes, 1909/1991.

FERRO, A. Exercícios de estilo. *In: Na sala de análise*: emoções, relatos, transformações. Rio de Janeiro: Imago, 1998. p. 43-82.

FIGUEIREDO, L. C. A metapsicologia do cuidado. *In: As diversas faces do cuidar*: novos ensaios de psicanálise contemporânea. São Paulo: Escuta, 2009. p. 131-151.

TRANSFERÊNCIA E CONTRATRANSFERÊNCIA   285

FIGUEIREDO, L. C. Presença, implicação e reserva. *In*: FIGUEI-REDO, L. C.; COELHO Jr., N. *Ética e técnica em Psicanálise*. São Paulo: Escuta, 2008. p. 13-54.

FIGUEIREDO, L. C. Transferência, contratransferência e outras coisinhas mais, ou a chamada pulsão de morte. *In*: *Elementos para a clínica contemporânea*. São Paulo: Escuta, 2003. p. 127-158.

FRANCISCATO, M. C. R. da S. Hýbris e Sophrosýne: Transgressões e Justa Medida entre os Gregos. *In*: Seminário Sociedade e Valores Humanos, 2004. Bauru: Sesc, 2004.

FREUD, S. Construcciones en el análisis. *In*: *Obras completas de Sigmund Freud*. Buenos Aires: Amorrortu, v. 23, 1937/1982.

FREUD, S. Duelo y melancolía. *In*: *Obras completas de Sigmund Freud*. Buenos Aires: Amorrortu, v. 14, 1917/1982. p. 235-258.

FREUD, S. El malestar em la cultura. *In*: *Obras completas de Sigmund Freud*. Buenos Aires: Amorrortu, v. 21, 1930/1982.

FREUD, S. Esquema del psicoanálisis. *In*: *Obras completas de Sigmund Freud*. Buenos Aires: Amorrortu, v. 23, 1938/1982.

FREUD, S. Fragmento de análisis de um caso de histeria. *In*: *Obras completas de Sigmund Freud*. Buenos Aires: Amorrortu, v. 7, 1905/1982.

FREUD, S. Introdução ao narcisismo. *In*: *Sigmund Freud, Obras Completas*. São Paulo: Companhia das Letras, v. 10, 1914/2010.

FREUD, S. La interpretación de los sueños. *In*: *Obras completas de Sigmund Freud*. Buenos Aires: Amorrortu, v. 5, 1900/1982.

FREUD, S. La psicoterapia de la histeria. *In*: *Obras completas de Sigmund Freud*. Buenos Aires: Amorrortu, v. 2, 1895/1982.

286 REFERÊNCIAS

FREUD, S. Las perspectivas futuras de la terapia psicoanalítica. *In:*
Obras completas de Sigmund Freud. Buenos Aires: Amorrortu,
v. 11, 1910/1982.

FREUD, S. Lo ominoso. *In: Obras completas de Sigmund Freud.*
Buenos Aires: Amorrortu, v. 17, 1919/1982.

FREUD, S. Más allá del principio de placer. *In: Obras completas de*
Sigmund Freud. Buenos Aires: Amorrortu, v. 18, 1929/1982.

FREUD, S. Psicología de las masas y análisis del yo. *In: Obras*
completas de Sigmund Freud. Buenos Aires: Amorrortu, v. 18,
1921/1982.

FREUD, S. Puntualizaciones sobre el amor de trasferencia. *In:*
Obras completas de Sigmund Freud. Buenos Aires: Amorrortu,
v. 12, 1915/1982.

FREUD, S. Recordar, repetir e elaborar. *In: Sigmund Freud, Obras*
Completas. São Paulo: Companhia das Letras, v. 10, 1914/2010.

FREUD, S. Sobre la dinámica de la trasferencia. *In: Obras com-*
pletas de Sigmund Freud. Buenos Aires: Amorrortu, v. 12,
1912/1982.

GREEN, A. A mãe morta. *In: Narcisismo de vida, narcisismo de*
morte. São Paulo: Escuta, 1988. p. 239-273.

GREEN, A. Idées directrices pour une psychanalyse contemporai-
ne. Paris: PUF, 2002.

GUYOMART, P. Lacan et le contre-transfert: le contre-coup du
transfert. *In: Lacan et le contre-transfert.* Paris: PUF, 2011.

HABER, J.; HABER M. L´experience agie partagée. *In: Revue*
Française de Psychanalyse, Paris, v. 66, p. 1417-1460, 2002.

HEIMANN, P. On counter-transference. *Int. J. Psychoan,* London,
v. 31, p. 81-84, 1950.

TRANSFERÊNCIA E CONTRATRANSFERÊNCIA 287

HERRMANN, F. *Andaimes do real*. São Paulo: Brasiliense, 1991a.

HERRMANN, F. *Clínica psicanalítica*. São Paulo: Brasiliense, 1991b.

HERRMANN, L. Campo transferencial: nos rastros de uma teoria para a clínica. *In: Percurso*, n. 38, ano XIX, p. 23-30, 2007.

JOSEPH, B. Transferência: a situação total. *In: Melanie Klein hoje*, v. 2. Rio de Janeiro: Imago, 1985/1990. p. 70-79.

KLEIN, M. As origens da transferência. *In: Inveja e gratidão e outros trabalhos: Vol. 3 das Obras Completas de Melanie Klein*. Rio de Janeiro: Imago, 1952/1991. p. 70-79.

KLEIN, M. Notas sobre alguns mecanismos esquizoides. *In: Os progressos da psicanálise*. Rio de Janeiro: Zahar, 1946/1978. p. 313-343.

LAPLANCHE, J. *A teoria da sedução generalizada*. São Paulo: Artes Médicas, 1988.

LAPLANCHE, J.; PONTALIS, J-B. *Vocabulário da Psicanálise*. São Paulo: Martins Fontes, 1991.

MACALPINE, I. The development of transference. *In: Psychoanalytic Quarterly*, v. 19, p. 501-539, 1950.

MINERBO, M. A lógica da corrupção: um olhar psicanalítico. *Novos Estudos Cebrap*, n. 79, p. 139-149, 2007.

MINERBO, M. Corrupção, poder e loucura: um campo transferencial. *Revista Brasileira de Psicanálise*, São Paulo, v. 46, n.1, 2012. p. 161-169.

MINERBO, M. *Neurose e não neurose*. São Paulo: Casa do Psicólogo, 2009.

288 REFERÊNCIAS

MINERBO, M. Núcleos neuróticos e não neuróticos: constituição, repetição e manejo na situação analítica. *Revista Brasileira de Psicanálise*. São Paulo, v. 44, n. 2, 2010. p. 65-77.

MINERBO, M. Que vantagem Maria leva? Um olhar psicanalítico sobre a corrupção. *Percurso*, n. 24, 2000.

NEYRAUT, M. *Le transfert*. Paris: PUF, 1974.

OGDEN, T. O terceiro analítico: trabalhando com fatos clínicos intersubjetivos. *In: Os sujeitos da psicanálise*. São Paulo: Casa do Psicólogo, 1996. p. 57-101.

OGDEN, T. On talking as dreaming. *Int J. Psychoanal*, London, v. 88, p. 575-589, 2007.

PEREIRA LEITE, E. B. *A escuta e o corpo do analista*. 2005. Tese (Doutorado) – Faculdade de Psicologia, Pontifícia Universidade Católica de São Paulo, São Paulo, 2005.

RACKER, H. A neurose de contratransferência. *In: Estudos sobre técnica psicanalítica*. Porto Alegre: Artes Médicas, 1948/1982. p. 100-119.

RACKER, H. Observações sobre a contratransferência como instrumento técnico. *In: Estudos sobre técnica psicanalítica*. Porto Alegre: Artes Médicas, 1951/1982.

RACKER, H. Os significados e usos da contratransferência. *In: Estudos sobre técnica psicanalítica*. Porto Alegre: Artes Médicas, 1953/1982. p. 120-157.

ROUSSILLON, R. *Agonie, Clivage et Symbolization*. Paris: PUF, 1999a.

ROUSSILLON, R. L'intersubjectivité et la fonction messagère de la pulsion. *Psychiatrie Française*, Paris, v. 35, n. 02, 2004. p. 45-54.

ROUSSILLON, R. Logiques et archéologiques du cadre psychanalytique. Paris: PUF, 1995.

ROUSSILLON, R. Situations et configurations transférentielles "limites". *Filigrane*, v. 8, n. 2, p. 100-120, 1999b.

SPILLIUS, E. Evoluções da técnica kleiniana. *In*: *Uma visão da evolução clínica kleiniana*. Rio de Janeiro: Imago, 2007. p. 167--180.

STRACHEY, J. The nature of the therapeutic action of psychoanalysis. *Int. J. Psychoanal*, v. 15, p. 127-159, 1934.

WINNICOTT, D. Formas clínicas da transferência. *In*: *Da pediatria à psicanálise*. Rio de Janeiro: Imago, 1955/2000. p. 393--398.

WINNICOTT, D. Hate in the counter-transference. *Int. J. Psychoanal*, London, v. 30, p. 69-74, 1949.

WINNICOTT, D. O desenvolvimento da capacidade de se preocupar. *In*: *O ambiente e os processos de maturação*. Porto Alegre: Artes Médicas, 1963/1983. p. 70-78.

Série Psicanálise Contemporânea

Adoecimentos psíquicos e estratégias de cura: matrizes e modelos em psicanálise, de Luís Claudio Figueiredo e Nelson Ernesto Coelho Junior

O brincar na clínica psicanalítica de crianças com autismo, de Talita Arruda Tavares

Budapeste, Viena e Wiesbaden: O percurso do pensamento clínico--teórico de Sándor Ferenczi, de Gustavo Dean-Gomes

Do pensamento clínico ao paradigma contemporâneo: diálogos, de André Green e Fernando Urribarri

Do povo do nevoeiro: psicanálise dos casos difíceis, de Fátima Flórido Cesar

Expressão e linguagem: aspectos da teoria freudiana, de Janaina Namba

Fernando Pessoa e Freud: diálogos inquietantes, de Nelson da Silva Junior

Heranças invisíveis do abandono afetivo: um estudo psicanalítico sobre as dimensões da experiência traumática, de Daniel Schor

A indisponibilidade sexual da mulher como queixa conjugal: a psicanálise de casal, o sexual e o intersubjetivo, de Sonia Thorstensen

Interculturalidade e vínculos familiares, de Lisette Weissmann

Janelas da psicanálise, de Fernando Rocha

Os lugares da psicanálise na clínica e na cultura, de Wilson Franco

Metapsicologia dos limites, de Camila Junqueira

Nem sapo, nem princesa: terror e fascínio pelo feminino, de Cassandra Pereira França

Neurose e não neurose, 2. ed., de Marion Minerbo

Psicanálise e ciência: um debate necessário, de Paulo Beer

Psicossomática e teoria do corpo, de Christophe Dejours

Relações de objeto, de Decio Gurfinkel

O tempo e os medos: a parábola das estátuas pensantes, de Maria Silvia de Mesquita Bolguese

Transferência e contratransferência, 2. ed., de Marion Minerbo

GRÁFICA PAYM
Tel. [11] 4392-3344
paym@graficapaym.com.br